教改实验荟萃

彭明达签

初中“三三三”课堂教学结构变革

曲新美 著

山东大学出版社
SHANDONG UNIVERSITY PRESS
·济南·

图书在版编目(CIP)数据

初中“三三三”课堂教学结构变革/曲新美著.
济南:山东大学出版社,2024.7. -- (“教改实验荟萃”系列/姜晓波主编). -- ISBN 978-7-5607-8083-2

Ⅰ. G633.302

中国国家版本馆 CIP 数据核字第 20247BD212 号

策划编辑　秦大忠
责任编辑　秦大忠
封面设计　王秋忆

初中“三三三”课堂教学结构变革

CHUZHONG “SANSANSAN” KETANG JIAOXUE JIEGOU BIANGE

出版发行	山东大学出版社
社　　址	山东省济南市山大南路 20 号
邮政编码	250100
发行热线	(0531)88363008
经　　销	新华书店
印　　刷	济南华林彩印有限公司
规　　格	720 毫米×1000 毫米　1/16
	11.75 印张　197 千字
版　　次	2024 年 7 月第 1 版
印　　次	2024 年 7 月第 1 次印刷
定　　价	55.00 元

“三三三”课堂教学结构模式的变革是与时俱进的课改实践（代序）

2022 年版语文新课程标准（小学初中部分）明确指出：“随着义务教育全面普及，教育需求从‘有学上’转向‘上好学’，必须进一步明确‘培养什么人、怎样培养人、为谁培养 人’，优化学校育人蓝图。”“聚焦中国学生发展核心素养，培养学生适应未来发展的正确价值观、必备品格和关键能力，引导学生明确人生发展方向，成长为德智体美劳全面发展的社会主义建 设者和接班人。”①

党的二十大报告指出：“全面贯彻党的教育方针，落实立德树人根本任务，培养德智体美劳全面发展的社会主义建设者和接班人。”早在 2014 年，教育部在《关于全面深化课程改革　落实立德树人根本任务的意见》中提出：“教育部将组织研究提出各学段学生发展核心素养体系，明确学生应具备的适应终身发展和社会发展需要的必备品格和关键能力，突出强调个人修养、社会关爱、家国情怀，更加注重自主发展、合作参与、创新实践。”②核心素养是党的教育方针的具体化，是连接宏观教育理念、培养目标与具体教育教学实践的中间环节。新世纪以来特别是教育规划纲要发布实施以来，德育为先、能力为重、全面发展的教育理念得到普遍认同。自主、合作、探究的学习方式与启发、讨论、参与的教学方式不断完善、推广，对其针对性、实效性的要求也更高。

在经济全球化深入发展和信息网络技术突飞猛进的形势下，学生成长环境发生深刻变化。其思想意识更加自主，价值追求更加多样，个性特点更加鲜明。当今国际竞争日趋激烈，人才强国战略深入实施，时代和社会的发展要求进一步提高国民的综合素质，培养创新人才。根据党的二十大提出的关于“落实立德树人根本任务”的要求，围绕学生为本、学会学习、创新思维、创造个性、教学

① 具体内容可参见《义务教育语文课程标准（2022 版）》“前言”。

② 具体内容可见教育部《关于全面深化课程改革　落实立德树人根本任务的意见》，教基二〔2014〕4 号。

评价、教学质量、教育目标、教育使命、教育模式等诸多热点难点问题进行课堂教学结构变革势在必行。

一、省市教育改革方案和发展方向

《山东省中长期教育改革和发展规划纲要(2011～2020 年)》提出:“坚持以学生为主体,以教师为主导,尊重教育规律和学生身心发展规律,全面实施素质教育,着力培养学生的社会责任感、创新精神和实践能力。坚持全面与个性的统一,注重发挥特长,激发潜能,提高综合素质,为学生全面发展和终身发展奠定基础。”①

2011 年,烟台市教育局《关于积极推进“和谐高效思维对话”型课堂建设的指导意见》中明确指出:“要表现‘以人为本’和‘以学生进展为本’的教育理念,突出学生的主体地位,充分调动与挖掘学生的学习潜力,增进学生全面、健康、和谐发展。”②“坚持‘以学定教’指导思想,转变教与学的方式,实现由以‘教’为中心向以‘学’为中心的转变,实现师生共同发展。”③

2014 年,《山东省教师教育课程改革方案》中明确提出要改革教学方式:教师教育课程的教学要体现对学习者的示范性,凸显学习者的主体性,引导学习者主动建构知识。推行对话式教学,采取参与研讨、经验分享和专题辩论等多种教学途径,倡导案例教学、情境教学、现场教学等多样化的教学模式,积极采用模拟课堂、微格教学等教学方式,提高教学质量。加强现代教育技术与教师教育专业的有机整合,将现代教育技术渗透、运用到教学之中。

二、学校课堂教学现状与困境

笔者所在的学校海阳市行村镇第二初级中学位于地雷战遗址所在地——行村镇赵疃村,是一所拥有在校师生五百余人的农村初中。新课改实施以来,学校着力实现学生“自主、合作、探究”的学习方式,于 2008 年起推进“学案导学”教学模式。但在教育教学实践过程中,出现了一系列问题:

一是备课质量与课堂效率不高。当时教师备课都是手写,且每个学科在每个学期都有一定数量的备课要求,比如语文教师每个学期的备课不少于 75 个,每个语文备课不得少于 5 页,大量的以及重复的备课不仅占用了教师们大部分

---

① 具体参见《山东省中长期教育改革和发展规划纲要(2011～2020 年)》第一章第(三)条“基本原则”。

② 具体参见《关于积极推进“和谐高效思维对话”型课堂建设的指导意见》(2011)第一条(一)。

③ 具体参见《关于积极推进“和谐高效思维对话”型课堂建设的指导意见》(2011)第一条(二)。

工作时间,而且严重影响了上课质量,导致每学期教师们的备课数虽都足够,但课堂效率却不高,效果不佳。

二是导学案模式僵化。"学案导学"教学模式形式化现象明显,问题设计简单化、应付化、无序化、无梯度化,或者导学案的设计等同于课堂练习。导学案的处理也是单一化,变成简单的一问一答或者订正答案模式,学生对文本的感知浮在表面,缺乏深刻、独到的思考,致使"先学后教"流于形式。

三是"学案导学"中没有"导"。"学案导学"的初衷是实现"先学后教"目的,但学案的管理却呈现不受重视且管理粗放的状态,学生在没有实现充分的自主学习的情况下,便开始了"合作探究"和接受式学习。"学案导学"中的"导"只是学生在课前解决导学案中"自主学习"部分的几个问题,而教师在设置这些问题时存在一定的随意性,不利于学生从整体上感知文本和对文本产生独到的阅读体验,也无法实现对学生阅读兴趣和阅读方法的培养,更不利于学生核心素养的提升以及全面发展。

四是课堂结构单一化。课堂结构还是传统的漫灌式教学,缺少系列化建设,教师教学往往忽视学生的个性和兴趣。学生在学习中没有自主选择权,不仅难以发挥个人潜能,而且不利于培养学生的创新能力和批判性思维,限制了学生的发展潜力。

学校根据现有的师资状况和教育教学实际,经研究决定,以语文学科为实验学科,进行课堂教学结构变革,变革显现成效后再进行课堂教学结构改革的学科辐射。

三、"三三三"课堂教学结构变革的导入与深化

在传统课堂教学模式基础上,我们与时俱进地相继进行了"三环节""三课型"和"三阶段"的教学模式改革,取得了明显成效。

改革初期为"三环节"课堂教学模式,即每一节课都分成"学生探学、师生展学、共同省学"三个环节进行,基本遵循15分钟、20分钟、10分钟的时间分配原则,体现"先学后教"的教学理念。"学生探学"的是教师依据教学目标设计的导学案,要求学生在规定时间内独立完成;"师生展学"环节是学生在探究学习后,交流展示学习成果,教师适时、适当点拨、纠偏;"共同省学"环节是师生共同对学生的学习成果进行评价和总结,发现问题、改进方法,促进学习效果的提升,包括课堂检测和课堂小结两部分内容。通过"三环节"的改革,可以使学生在课堂上更好地掌握知识,提高学习效果。

随着国家教育政策对学生学习主体地位和素养提升的要求越来越高,"三环节"课堂教学模式越来越不能充分提高学生的学习能力和素养能力,"三课

型”课堂教学模式便应运而生。“三课型”课堂教学模式是指每项学习内容都要经过“预习课”“分享课”“拓展课”三个课时才告完成，三个课时呈梯度式分布，旨在提高学生的综合素养能力，体现“学为主体”教育理念。“预习课”针对的是一份一课时的导学案，包括“课前了解—走进文本—预习检测—质疑平台”四部分内容，相对于“三环节”中的预习导学而言，内容上更有丰富性和层次性，结构上更显梯度性和完整性，无论是内容、结构还是时间上都更注重培养学生独立学习、深入思考的习惯。“分享课”是导学案的升级版，在检测学生预习效果、解答学生预习疑惑的基础上，带领学生挑战难度更高的文本或知识体系，以完成课时教学目标。“分享课”不是预习课导学案的交流展示，而是教师在导学案内容的基础上提出一个“主问题”，然后带领学生通过对“主问题”的探讨串联整节课的教学内容，完成教学任务。“拓展课”是由课内走向课外，分为“知识回顾—拓展演练—课堂检测”三部分，聚焦学生知识的巩固、延伸与应用。随着国家教育政策的更新和新课标的出台，“三课型”课堂教学模式逐渐得到完善、创新。“三课型”的改革，可以使学生在不同类型的课堂中得到全面的培养，提高学生的自主合作与探究能力。

党的十九大报告把教育放在民生部分进行阐释。党的二十大报告再次强调为党育人、为国育才，以德育为先，注重培养学生的社会责任感、创新能力和社会实践能力。基于对国家教育政策的理解，我们探索出“三阶段”综合育人的教学结构模式，注重能力培养，坚持促进学生全面发展。“三阶段”教学结构模式包括三个阶段：一是任务规划，包括创设情境、明确任务、制定方案。二是指导调度，包括自主协作、点拨引导、过程督进、修正完善。学生根据任务规划量表，进行任务学习。三是展示评估，包括成果呈现、评估检测、拓展提升。“三阶段”教学结构模式旨在实现课堂内外有机结合的目标，激发学生的学习欲望，变被动接受学问为主动寻求学问，激励学生去接受新的学习任务。“三阶段”的改革旨在在教学过程中逐步培养学生的自主学习的能力，提高综合素质。

总的来说，“三三三”课堂教学结构模式的变革是一种全面的教学改革，它立足学生发展与时代需求，着眼整体规划与循序创新，明确课堂结构创新与辅助改革的主次关系，与时俱进，不断地提升教学效果，激发学生学习兴趣，培养学生的实践能力和创新能力，实现教育教学的全面发展。

目　录

第一章 “三三三”的起点:“三环节”课堂教学结构模式的采用

2008年起,学校积极响应国家新课堂改革要求,着力推进教育教学模式的改革与创新。在这一背景下,学校开始探索并实施“学案导学”教学模式,旨在引导学生实现“自主、合作、探究”的学习方式。然而,随着时间的推移和实践的深入,学校开始意识到“学案导学”模式中还存在一些不足之处,需要进一步改进与完善。

2010年,学校深入研究“先学后教”理论,对“学案导学”模式进行了反思研讨。在这一过程中,学校意识到手写备课、大量备课、无效备课等问题亟待解决,因此决定转变备课方式,采用电子备课、定量备课等更为高效的方式。通过这一转变,学校期望改进“学案导学”教学模式,建构更为科学、高效的“三环节”课堂教学模式,以打造更加高效的教学环境。

“三环节”课堂教学模式是一种注重学生主体性和互动性的教学方法,将每节课分为“学生探学、师生展学、共同省学”三个环节,以促进学生自主学习和全面发展。这种模式体现了“先学后教”的教学理念,强调学生在探究学习的过程中主动获取知识,教师在适当的时机进行点拨和引导。

“学生探学”环节,教师根据教学目标设计导学案,指导学生在规定的时间内独立完成任务,一般不超过15分钟。学生通过自主探索和学习,培养解决问题的能力和自主学习的意识。这一环节的目的是让学生在学习过程中积极参与,激发他们的学习兴趣和动力。

“师生展学”环节,学生展示他们的学习和思考成果。教师在这个环节中适时地点拨、纠偏,帮助学生更好地理解和应用所学知识。这种互动式的教学方式有助于加深学生对知识的理解,同时促进师生之间的有效沟通。

“共同省学”环节,师生共同对学习成果进行评价和总结,发现问题、改进方法,促进学习效果的提升。具体包括课堂检测和课堂小结两部分内容,帮助学生及时了解自己的学习情况,同时教师也可以根据学生的表现调整教学策略,提升教学效果。

学生探学、师生展学、共同省学三个环节有机结合。这种教学模式有效地激发了学生的学习兴趣和参与度，促进了师生之间的互动和交流，对提升教学效果和学生综合素质有一定效果。

2011年，为了更好地支持新的教学模式，学校建立了电子课程资源库，并开发了校本教材阅读课程。这一举措使得教师们能够进行集体备课，并实现备课资源的共享，从而为“三环节”课堂教学模式的构建奠定了坚实的基础。2012年，学校全面推进“三环节”教学改革。通过借助多媒体技术手段，学校努力推进学生的探究学习、师生的展示学习以及共同省思学习之间的高度融合。这一教学改革的推进，旨在进一步增强学生的学习主动性和合作性，促进师生之间的互动与共同成长，从而实现更为高效的教学。

“三环节”课堂教学模式的探索源于对“学案导学”模式的反思与完善，以及对教学质量提升的追求。通过持续的探索与实践，学校不断优化教学模式，致力于构建更具创新性和高效性的教学环境，为学生的全面发展和教育教学质量的提升做出了积极努力。但是，在具体实践过程中，“三环节”教学出现了一系列问题：一是时间分配不合理。每个环节的时间分配为15分钟、20分钟、10分钟，可能并不适用于所有主题内容和学生群体。有些主题内容可能需要更多时间来进行深入学习和讨论，而有些学生可能需要更多时间来独立完成学习任务。二是师生互动不足。虽然“师生展学”环节强调师生互动，但在实际教学中，教师可能没有足够的时间和机会与每个学生进行深入的交流，导致部分学生的学习需求得不到充分满足。三是评价方式单一。“共同省学”环节主要包括课堂检测和课堂小结，评价方式较为单一，无法全面评估学生的学习成果和能力，也无法激发学生的学习动力。

针对“三环节”课堂教学模式具体实施过程中出现的问题，本着助力学生发展的原则，我们采取了相应的解决方案。一是个性化时间安排。教师应根据不同主题和学生群体的实际情况，灵活调整每个环节的时间分配，可以采用差异化教学策略，给予学生更多自主学习的时间和空间，以满足不同学生的学习需求。二是提升师生互动。教师应加强与学生的互动，鼓励学生提出问题和观点，及时给予反馈和指导，可以采用小组讨论、互动游戏等方式，促进师生之间更深入的交流和合作。三是多元化评价。除了课堂检测和课堂小结，教师还可以引入学生自评、同学互评、项目作业等多种评价方式，全面评估学生的学习成果和能力。这样可以激发学生的学习动力，促进他们更深入地参与学习过程。以上措施有效地解决了“三环节”教学模式中存在的部分问题，对提升教学效果、促进学生全面发展有一定作用。

第二章 “三三三”的展开:“三课型”课堂教学结构模式的探索

“三课型”课堂教学模式的改革历经四个阶段——确定改革方案、初期具体实施、中期总结跟进、完善成果模式。每个阶段的研究过程遵循边研讨边完善的原则,将理论与实践有机结合,最终形成“三课型”课堂教学模式。这种课堂教学模式是在“三段式”阅读教学模式的基础上形成的,因此本章将从“三段式”教学模式的探讨开始。

第一节 “三段式”阅读教学模式改革方案的确定

针对“三环节”教学在实践过程中出现的系列问题,学校本着为师生减负、切实提高教育教学质量的原则,在充分了解教学现状的基础上,根据学校师资情况,从学生的学习需求出发,就如何进行课堂教学模式改革进行了大量的实践工作。经过学习、探索,我们决定以语文学科为实验学科进行课堂教学模式改革,并召开语文阅读教学模式改革研讨会议,最终确定了“三段式”课堂阅读教学模式改革方案。

一、“三段式”阅读教学模式的改革背景

我们认为,导入“三段式”课堂阅读教学模式具备足够的背景条件。第一,从国内语文课堂改革来看,“三段式”阅读教学模式有利于凸显学生阅读的主体地位。课堂教学无定法。改革开放以来,不少语文教师锐意改革,创造了不少好的教学模式,如辽宁魏书生的“自学六步”法、武汉黎世法的“六课型单元”教学法、上海钱梦龙的“三主四式”的教学法等等。这些教学方法在重视学生主体地位方面都为我校“三段式”阅读教学模式的研究提供了重要借鉴。不可否认,教师采用“以讲代读”的传统教学模式,仍是导致学生被动学习的主要原因。而“三段式”阅读教学模式的构建,将有效转变教师观念,改变传统的阅读教学模

式，教学方式由“漫灌型”向“互动型”转变，学习方式由“被动型”向“自主型”转变，充分体现学生的阅读主体地位。第二，从新课程改革要求来看，导入“三段式”阅读教学模式将有效提高学生的语文阅读能力。新课标明确指出，阅读是搜集处理信息、认识世界、发展思维、获得审美体验的重要途径，阅读教学是学生、教师、教材编者、文本之间的多重对话，是思想碰撞和心灵交流的动态过程。这就是要让学生主动与文章作者形成对话、交流的关系，以引起共鸣，产生感悟，从而达到阅读活动的真正目的。“三段式”阅读教学模式就是带领学生在感知、体悟和创造中提高感知力、理解力、创造力等阅读能力。

从烟台市关于语文阅读改革的要求来看，“三段式”阅读教学模式有助于提高语文教学质量。长期以来，语文阅读教学模式墨守成规，教师讲了很多，学生记了不少，但是语文教学质量一直是令人担忧的问题。烟台市关于初中语文“大量读写、双轨运行”的研究和实践，以“大量读写”为重点，以“双轨”教学为机制，以“课内”和“课外”双轨同步运行为教学组织形式的语文教学整体改革，无疑为“三段式”阅读教学模式注入了源头活水。本着提高语文阅读教学质量的目的，“三段式”阅读教学模式尊重学生的阅读主体地位，可有效提升学生的阅读能力和学习能力，提高语文教学的质量。

二、“三段式”阅读教学模式的改革目的

2013年，学校基于对“先学后教”理论的深入解读，在研究叶圣陶语文教学有关论著、“和谐高效、思维对话”型课堂建设理论以及余文森有效教学等相关文献的基础上，以语文教材整合为抓手，对语文学科教学改革进行整体设计，拟解决语文教学中存在的学前预习无法而效率低下、课堂上教师讲太多而学生学习被动、学后知识面得不到拓展等核心问题，着力体现“以生为本”的课堂教学理念，以达到“高效”课堂的目的。

三、“三段式”阅读教学模式的改革意义

“三段式”阅读教学模式的改革重在突破，具有重要的实践意义和理论价值。

（一）“三段式”阅读教学模式改革的实践意义

初中语文“三段式”阅读教学模式的探索，意在提倡以学生为主体、教师为主导的以生为本的课堂教学理念，在课堂教学过程中，通过预习、分享、拓展三个课时，让学生在阅读中进行感知、体悟和创造。在学习相关理论的基础上，我们将着力点放在教学实践上，操作性强，适应面广，可望建立与学生是学习和发展的主体、教师是学习活动的引导者和组织者、在实践中学习运用语文等理念

要求相适应的课堂教学模式。

(二)“三段式”阅读教学模式改革的理论价值

本次课堂教学模式的改革强调从建构主义理论的角度出发,本着打造“高效”课堂的宗旨,在教学实践中不断进行研究、实践、修正,最终确立“三段式”阅读教学模式。建构主义学习理论认为,知识是学习者在一定的情景即社会文化背景下,借助于教师和学习伙伴的帮助,利用必要的学习资源,通过意义建构的方式获得的。建构主义学习理论的核心是,以学生为中心,强调学生对知识的主动探索、主动发现和对所学知识意义的主动建构。这一理论不仅要求学生由外部刺激的被动接受者和知识的灌输对象转变为信息加工的主体、知识意义的主动建构者,而且要求教师由知识的传授者、灌输者转变为学生主动建构知识意义的帮助者、促进者。

(三)“三段式”阅读教学模式改革的突破

“三段式”阅读教学模式针对建构主义理论的核心,研究上拟有如下突破:

首先,以学生为主体,让阅读教学走向人本化。改变以往把学生看作“知识容器”的观点,充分认识到学生在阅读中的“期待视野”的差异,了解学生阅读欲望和审美心理图式的不同,让学生自己去读,读出各自眼中的世界。另外,尊重学生多元的解读,让阅读教学异彩纷呈。

其次,以对话为途径,让阅读教学走向民主化。改变阅读课堂上只有教师一种声音的状况。教师作为一个合格的阅读者,应主动汇入学生阅读的行列当中。尊重学生的阅读自由,让学生和文本自由对话、和教师自由对话,确立学生的自主意识和独立人格。

最后,以体验为中心,让阅读走向感受化。体验是一种过程,是个体独特的内心感受,是实现阅读对话、阅读知识和阅读能力建构的有效途径。

四、“三段式”阅读教学模式的改革设计

从核心概念到理论依据、从改革内容到实践方法,参与改革的教师都进行了细致的分析、研究、归纳,最终形成“三段式”阅读教学模式的改革设计方案。

(一)“三段式”阅读教学模式的核心概念

1.“三段式”阅读

“三段式”阅读是指以鲁教版语文教材每个单元的重点课文为依托,将每篇课文的教学分“预习课”“分享课”“拓展课”三个课时来进行的一种阅读教学模式。三个课时为三种课型,是以学生学习的主要内容为标准来划分的,重在提高学生的感知、体悟和创造能力。

2.阅读教学

阅读教学是指教师以教材中的重点课文为依托，引导学生对教材课文进行感知、体悟和创造，以培养学生感受力、理解力、创造力等阅读能力为核心的一种课堂教学活动。

（二）“三段式”阅读教学模式改革的理论依据

1.文献综述

徐忠宪在《原形阅读理论与语文教学》中侧重从三个方面进行阐述：一是阅读教学要直面“课文原形”客体，透视“阅读思维”本质。从一般的“读者与文本”和特殊的“学生读本与语文课本”这个基本矛盾出发，在认清阅读教学客体对象——“课文原形”的基础上，从阅读教学主体——学生着眼，抓住“语文阅读”中“读文思维”这一关键。跨越表层的阅读方式探索，突破传统的具象思维和顿悟思维，对阅读注意的不同指向和阅读思维的不同方向进行二分性划界。二是坚守“原形阅读”本色，张扬“超原形阅读”个性。“原形阅读”是顺从课文原形文思流动的阅读思维状态。“超原形阅读”是凭借相关知识和经验对课文原形的局部或某一方面进行思考的阅读思维状态。这种“超原形阅读”必以“原形阅读”为前提，它对课文局部或某方面的深刻分析，一定要建立在对课文整体感知之上，越是统观全篇，越能透视文本的局部或某一方面。三是引导“原生态阅读”科学发展，实现阅读教学的多重对话，把教材、学生、教师看作语文阅读课堂生成三个缺一不可的要件。肩负着“阅读主体”和“发展主体”双重任务的学生群体，在阅读教学目标的规限下，学生通过完成对课文的“识范—内化—生成”过程，将获得知识、智能、情志的全面增长。教师在语文阅读课堂的三方构成要件中是能动性最强的一方，教师作为阅读教学过程的设计者和组织者，最终决定了课堂教学的成败。一个在语文阅读丛林中不认识路或认错路的人，是当不好前进的向导的。[①] 王荣生在《语文科课程论基础》一书中提出了“整体感知”或“整体把握”理论。[②] 整体感知在阅读层面是从读者的角度来说的，主要是指阅读方式。在阅读教学层面，整体感知是指教师采取有效方式，使得课堂教学情境中的学生阅读进入“整体感知”，并达到“整体感知”的目的。“三段式”阅读教学模式的实践研究丰富了上述观点，让学生在感知、体悟中进行创造，体现学习的主体地位，提升阅读能力。

在实践中，一些学校也率先打开课堂教学模式改革的大门。江苏省泰兴市洋思中学开创了“先学后教，当堂训练”的课堂教学模式，将一所基础薄弱学校

① 参见徐忠宪：《原形阅读理论与语文教学》，苏州大学出版社 2010 年版。

② 参见王荣生：《语文科课程论基础》，中国人民大学出版社 2021 年版。

发展成为全国名校。山东省聊城市茌平区杜郎口中学创立了“336 自主学习模式”,把课堂完全交给了学生,以学生为主体,同样走出了一条独具特色的综合素质与文化成绩同步提升的教改之路,成为山东省的品牌学校。思考以上国内教学实践及教学模式不难发现,新课标下的语文课堂是以学生为主体的课堂,无不强调学生的“学”,也无不以学生的学习为中心来组织教学,把教会学生阅读、提升语文综合素养作为我们初中语文课堂的终极目标。

但是,我们也清楚地看到以上教学模式的弊端。比如,忽略了站在学生的角度考虑问题,忽略了能力的提升应该面向全体同学,忽略了操作模式应该重视系统地拓展学生知识面,等等。为了提高学生的阅读与写作能力,提升语文综合素养,我们确定以初中语文“三段式”阅读教学模式作为研究和实践方向。

2.理论基础

建构主义理论中的阅读教学过程,是阅读主体感知、体悟和创造的过程。感知,是阅读主体与文本的亲近,是阅读主体对文本的整体直观把握,是对文本的初步开发。体悟,是阅读主体进入文本,从各个视角去感受文本对象的审美活动过程,是读者与文本的互相交融。创造,是阅读主体对文本的探幽发微,是填补文本的空白及达到自身感受顶点的一种阅读效应,是审美的深层境界。

在这种阅读过程中,须恰当地运用教学模式,即以体验为中心的阅读教学模式,并在这些模式的实际操作中,实现个体阅读知识与阅读能力的建构。

(三)“三段式”阅读教学模式的研究方法

1.文献研究法

确定改革方向与目标后,改革组组织成员对目前国内外在“阅读教学”“课堂教学结构”方面的研究成果进行学习和研究,特别是从国家关于发展学生核心素养的相关政策、国内对阅读教学方法和课堂教学结构的研究成果中提炼出值得借鉴的“效率为主体”的理念,确立“终身发展”的目标以及“训练—识记—整合—发展”的教学思路,不断完善我们的“三段式”阅读教学模式研究。

2.调查研究法

课改组围绕学生的学和老师的教两个角度设计出调查问卷,分别发放给四个年级的学生进行问卷调查,以此分析我校初中语文阅读教学中存在的问题,明确发展的方向,为课堂教学模式改革研究打好实践基础。

3.行动研究法

课改组通过问卷调查,了解学生的阅读学习与核心素养发展现状,明确本次阅读教学模式的研究方向,探索有效地服务于学生高效阅读、提升核心素养的“三段式”阅读教学方法。

4.实验研究法

课改组会对不同年级的学生进行“三段式”阅读教学模式改革前后阅读效果的测试,通过比较前测与后测的差异值来“验证”前面的假设,以此判断“三段式”阅读教学模式对学生阅读能力提升和核心素养发展的影响。

(四)“三段式”阅读教学模式改革的内容与目标

1.改革内容

改革内容包括两个方面:一是分析初中语文阅读教学现状及其优劣,二是建立初中语文“三段式”阅读教学模式。

2.改革目标

改革目标包括两方面:一是探索出初中语文“三段式”阅读教学的有效模式,二是确定服务于学生核心素养培育的初中语文“三段式”阅读教学有效评价方式。

(五)“三段式”阅读教学模式的改革预期

假如我们探索出初中语文“三段式”阅读教学的有效模式,就能够解决我校语文阅读教学中存在的学前预习无法进行而效率低下、课堂上教师讲太多而学生学习被动、学后知识面得不到拓展等核心问题,提升学生的语文阅读能力,在各个阶段性测试中语文阅读成绩得到相应提高,从而大幅度提高学生的语文综合能力和学校语文教学质量,提升学生的核心素养。

五、“三段式”阅读教学模式改革的实施步骤

我们确定了实验方案,分准备、实施、总结三个阶段,对初中语文“三段式”阅读教学模式进行实践与探索。

一是积极准备阶段(2013 年 12 月～2014 年 3 月)。

学校组建由相关领导和全校的语文教师组成的实践团队,明确本次课堂改革的核心内容。同时对研究实践任务进行分工,收集与本改革实践有关的研究成果,培训实验教师,保证改革实践能正常、有序、有效地开展。

二是有效实施阶段(2014 年 4 月～2015 年 3 月)。

发放调查问卷给学生,选择不同学段、不同学情的学生进行座谈,找到我校语文阅读教学中存在的问题,按照“问题、探索、反思、改进”的思路进行专题研究并实践,逐步探索出“预习—分享—拓展”的语文“三段式”阅读教学的操作模式。同时,通过开展多种活动强化过程管理,规范改革实践过程,形成相应的实践研究成果。

三是全面总结阶段(2015 年 4～6 月)。

课改组相关人员全面整理过程性资料,分析改革实践的信度和效度,形成

结论,查找存在的问题,提出建议,由专人负责撰写改革实践报告,以备进行总结与提升。

六、“三段式”阅读教学模式改革的预期研究成果

2015 年 4 月,形成改革总结报告——《初中语文“三段式”阅读教学模式的研究》,核心改革成员每人至少发表一篇研究论文,收集改革实践过程中相关的精品课例、过程性资料。

七、“三段式”阅读教学模式改革的保障措施

一是加强人员保障。加强改革团队的组织领导工作。成立改革团队领导小组,以学校骨干教师为第一改革实践人,组织学校优秀教师参加实践。定期组织改革团队成员学习教育、教学理论和教育科研知识。

二是加强制度保障。制定改革团队工作制度,包括科研实践研究目标管理制度、监督检查制度、专业学习制度、经费使用与管理制度、成果处理制度、成果奖励制度等,制定对改革团队主研人员的考核激励措施。活动时间、活动内容、活动成果均列入学校的常规管理,确保该改革项目的实施固化成一种常规性、自觉性的行为。

第二节　“三段式”阅读教学模式的初期改革实施情况

随着社会的快速发展和信息技术的普及,初中语文阅读课堂教学面临着新的挑战和机遇。传统的教学模式已经难以满足学生的学习需求,因此,对初中语文阅读课堂教学进行改革已成为当前教育领域的重要课题。所以在改革初期,由课改组核心成员牵头、课改组所有成员参与设计了详细的师生调查问卷。

调查问卷设计包括教师和学生两部分,分别以教师和学生为中心,注重了解师生对语文阅读课堂教学的认知和态度,探索学生的学习需求和期望,以及师生对教学改革的建议。教师问卷重在了解教师对课堂教学改革的看法和需求,以便全面了解当前语文阅读课堂教学的现状和问题。

在设计调查问卷之前,课改组成员从以下几个方面充分分析师生阅读教学的困惑与需求,以便为设计调查问卷和访谈提纲提供依据。一是了解师生对传统语文阅读课堂教学的认知和满意度,包括师生对传统语文阅读课堂教学的态度,对教学内容、教学方法的评价,以及学生对教师教学水平、教师对学生学习积极性等方面的评价。二是了解师生对语文阅读能力的自我评价,包括师生对

自己语文阅读能力的认知，特别是阅读理解能力、词汇积累、阅读速度等方面的自我评价。三是了解师生对新型教学方法的接受程度，包括对新型教学方法（如多媒体教学、互动式教学、小组合作学习等）的态度和接受程度，以及对这些教学方法的期望。四是了解学生对课堂教学内容的需求和兴趣，包括对文学作品、课外阅读、实践性任务等方面的期望。五是了解学生对教师教学能力、教学态度和素质的评价，包括对教师的专业知识、教学方法、关怀学生等方面的评价。六是了解学生对课堂氛围、学习环境等方面的感受和评价，包括对学习氛围的满意度、学习动力、课堂秩序等方面的评价。七是了解师生对课堂互动和参与度的看法，包括师生对学生参与度、课堂互动形式、学生表达机会、教师点拨能力等方面的评价。

课改组成员汇总信息，以此为依据设计调查问卷（详见附录），了解师生对初中语文阅读课堂教学改革的需求和期望，从而为制定相应的教学改革方案提供依据。调查问卷经过课改组一系列审核后，分别发放给师生，据此结果设计师生访谈提纲（详见附录），对师生代表进行面对面访谈，以便有的放矢、更好更顺利地推进课堂阅读教学模式的改革。

调查问卷和访谈提纲的设计旨在通过了解学生和教师对初中语文阅读课堂教学的认知和态度，为学校提供真实反馈，最终为探索课堂教学改革的需求和方向、制定有针对性的课堂教学改革方案提供依据。通过问卷调查，可以了解学生和教师对语文阅读课堂教学的期望和需求，找到当前课堂教学存在的问题和瓶颈，为学校课堂教学改革提供针对性建议，促进初中语文阅读课堂教学质量的提升。同时，也可以提升学校和教师的教学改革意识，推动初中语文阅读课堂教学的深入发展，提高学生的语文阅读能力和综合素质。

针对调查问卷和师生访谈的实际情况，课改组完成了初期工作实施报告，为顺利推进后面的改革打下了基础。

一、“三段式”阅读教学模式改革的背景与目的

近年来，随着教育改革的不断深入，语文教学方式也在不断创新与改进。为了提高学生的阅读理解能力，提升学生的学科素养，我校选取初中语文“三段式”阅读教学模式作为改革切入点，旨在探索这一教学模式在初中语文教学中的实际应用效果，并为教师提供相关的教学方法和方案。

二、“三段式”阅读教学模式改革的目标与设计

此项改革旨在探索初中语文“三段式”阅读教学模式对学生阅读能力和阅读理解能力的影响，并提出相应的教学方法和方案。本次改革采用实验研究方

法,以全校四个年级的在校学生为改革实施对象,其中以每个年级班级数的半数为实验组,另外的半数班级为对照组。实验组采用“三段式”阅读教学模式进行教学,对照组采用传统的阅读教学方法进行教学。通过对每个年级两组学生的阅读成绩和阅读理解能力进行比较,来评估“三段式”阅读教学模式的效果。

三、“三段式”阅读教学模式改革的数据收集与分析

在改革实施过程中,我们收集了一系列数据。一是学生的阅读成绩。通过对学生进行阅读测试,记录学生的阅读成绩,包括阅读速度和准确度。二是学生的阅读理解能力数据。通过给学生提供一篇阅读材料,然后进行问题测试,评估学生的阅读理解能力。三是学生的学习反馈情况。通过问卷调查和问卷访谈的方式,收集学生对“三段式”阅读教学模式的主观反馈。四是对相关数据进行科学分析。通过对收集到的数据进行统计分析,比较实验组和对照组在阅读成绩和阅读理解能力上的差异。同时,结合学生的学习反馈,对“三段式”阅读教学模式进行评估和改进。

四、“三段式”阅读教学模式的教学方法与方案

基于研究结果和分析,我们提出以下教学方法和方案:

其一,在课堂教学中,采用“三段式”阅读教学模式,即预习课、分享课和拓展课三个课型。

其二,引导学生进行主动思考和提问,教授给学生阅读策略和解题方法。

其三,制定个性化的学习计划,根据学生的不同水平和需求,提供相应的教学辅助材料和学习资源。

五、“三段式”阅读教学模式的实施结论与建议

通过对初中语文“三段式”阅读教学模式的探索实践,我们可以得出以下结论:一是“三段式”阅读教学模式对学生的阅读能力和学习能力有积极有效的影响。二是学生对“三段式”阅读教学模式的反馈普遍较为积极。三是实际教学中,教师可以根据学生的不同需求和水平,灵活运用“三段式”阅读教学模式,提升教学效果。

根据本研究的结果和结论,我们提出以下建议:一是推广“三段式”阅读教学模式在初中语文教学中的应用,提高学生的阅读能力和学习能力。二是加强教师的专业培训,提升教师的教学水平。三是进一步深入探索和改进“三段式”阅读教学模式,使其更加适应不同学生的需求和特点。

第三节 “三段式”阅读教学模式的中期改革跟进情况

初中语文“三段式”阅读教学模式的改革旨在探索适合初中语文教学的“三段式”阅读教学模式，并通过实践验证其在提高学生阅读能力和阅读理解水平方面的有效性。在前期的工作中，我们已经完成了对该教学模式的理论研究和设计，并进行了一定的实验教学。

在实验教学过程中，我们选取了各年级半数班级作为实验组和对照组，分别采用“三段式”阅读教学模式和传统教学模式进行教学。经过一段时间的实验教学，我们观察到了一些初步的结果。

首先，通过实验教学我们发现，“三段式”阅读教学模式能够有效提高学生的阅读兴趣和主动性。在实验组中，学生们在阅读过程中更加积极主动，能够更好地理解和把握文章的主旨，同时也更加愿意参与思考和讨论。这与传统教学模式中学生被动接受知识的现象形成了鲜明的对比。

其次，实验教学还显示出“三段式”阅读教学模式对学生的阅读能力和阅读理解水平有一定的提高作用。在实验组中，学生们的阅读速度和准确性有所提高，对文章的理解和分析能力也有所增强，“三段式”阅读教学模式在注重教授学生阅读策略和培养思维能力方面初见成效。

然而，我们也注意到了一些问题和不足之处。首先，由于实验时间有限，我们只进行了一段时间的实验教学，无法全面评估该教学模式的长期效果。其次，在实验组中，虽然学生的阅读能力有所提高，但仍然存在一部分学生的阅读水平没有明显改善的情况，这可能与学生个体差异和其他因素有关。因此，我们需要进一步探索和实践，找出更好的教学方法和策略，以便更好更快地提高学生的阅读能力。

在下一阶段的探索实践中，我们将继续深入探究“三段式”阅读教学模式的有效性和实施策略。具体来说，我们将扩大实验规模，增加实验组和对照组的数量，延长实验时间，以更全面地评估该教学模式的长期效果。同时，我们还将根据实验结果，进一步优化教学设计和教学方法，以提高学生的阅读能力和阅读理解水平。

总之，目前的实践表明，“三段式”阅读教学模式在初中语文教学中具有一定的可行性和有效性。然而，仍需进一步研究和实践，以不断完善该教学模式，提高学生的阅读能力和阅读理解水平。为此，课改组及时总结反馈，研究制定了中期阶段的课堂结构教学改革方案。

一、确定“三段式”阅读教学模式改革中期实施方案

语文课程与教学必须适应和满足社会进步与学生自身发展的需要，深化改革，与时俱进。突破应试教育的“藩篱”，实现以学习者为中心，进行语文教学的本体溯源，处理好语文与本体、语文与实践、语文与文化、语文与生活、语文与世界等方面的关系，在语文学习中提升学科核心素养，是当前语文教学改革的重要使命。当下语文教学尚存在“读书少、做题多”“重解析、轻整合”“写作教学笼统化、无序化”等问题。在新课标、新教材以及新技术普遍应用的前提下，为精准体现语文学科特点、落实立德树人根本任务，提升初中学生的语文核心素养，提高初中语文教育教学质量，课改组依据初中语文新课标，特制定本方案。

(一)“三段式”阅读教学模式中期改革目标

第一，确立明确的学科课程意识，使教师成为课程的动态构建者和生成者，用课程意识指导整个教学过程，实现语文学科“育人本位”课程目标。变“备教材”“教教材”为“备课程”“教课程”，将教学的着力点放在初中语文课程的知识能力、思想方法、情感态度、经验文化等方面，提升学生的语文核心素养。强化单元课程意识，把握好“课程目标、课程内容、课程实施和课程评价”四大要素，使语文课程从“教师讲为主”的知识性课程，转变为“学生学为主”的实践性课程，实现“宽视野”“新思维”“深情怀”的初中语文学科育人目的。

第二，建设基于语文核心素养的求真务实、和谐高效、思维对话、注重积累、实践为主的“生命课堂”，让学生在语文学习中快乐成长。传承语文教育优良传统，深化课堂教学改革，实现从“两主课堂”“和谐高效思维对话课堂”到“核心素养生命课堂”的转变，形成基于语文核心素养的初中语文新课堂教学范式——“三段式”阅读教学模式。精准把握语文学科“工具性”和“人文性”特点，指导学生多积累、多阅读、多写作、多实践，实现语文教学从以“老师教”为中心向以“学生学”为中心的转变，实现语文课程的“开放性”“综合性”和“实践性”。

第三，创新语文教学评价机制，突出语文课程评价的整体性和综合性，实现初中学生“语文核心素养”培养目标。围绕语文学科核心素养，建构科学的评价体系，客观真实地评价学生的学科素养以及教师的教学水平，实现“教、学、评”的科学性和一致性。在新的教学评价机制下，学生的读写总量、背诵总量和读写能力有较大幅度的提高，学生具有爱国主义情感、社会主义思想道德品质和健康审美情趣，具有坚定的民族自信和文化自信，具有积极的人生态度、正确的价值观和浓郁的家国情怀，为学好其他课程和全面发展、终身发展奠定坚实的基础。

（二）“三段式”阅读教学模式中期改革内容

第一，拓展、整合语文课程资源，丰富语文学科课程内容，为提升初中学生的语文核心素养奠定坚实的基础。依托国家统编教材课程内容与单元组织结构，采取补充、调整、拓展、整合等方式，构建符合“五四”学制教学特点、体现学校特色的初中语文课程资源体系。补充、整合数字媒体资源、社会资源、大自然等各种资源，优化并纳入语文课程资源范畴，使语文学习的外延真正与生活的外延相等，培养学生开阔的知识视野和跨文化理解能力。

第二，改革、优化课堂结构，建设基于语文核心素养的“生命课堂”，全面落实“以学为主”教学理念。语文阅读教学实施“读、助、议、结”四板块动态组合方式，切实改变阅读教学“老师讲、学生听”的弊端，让学生在课堂上“读起来”“学起来”“动起来”。杜绝各种各样的形式主义，让学生在课堂上规规矩矩地写字、清清楚楚地说话、仔仔细细地读课文、踏踏实实地做练习、认认真真地完成作文。构建和谐的师生关系、适切的学习环境和真实的语文情景，让学生在理解、运用祖国语言文字的活动和实践中积累语词、培养语感、发展思维。进一步落实“五个还给”教学策略，杜绝“满堂灌”“满堂问”“满堂练（题海战术）”等课堂形态，让学生做学习的主人。在整个教学活动中，明确教学目标，精选教学内容，优化教学过程，及时进行评价，在“备课、上课、辅导、作业、考试”五大教学环节上为学生提供个性化的指导与服务。

第三，依“标”据“本”，强化课程标准意识与教科书意识，使语文教学精准体现学科特点、国家意志和时代精神。语文课程与教学改革必须基于九年义务教育语文课程标准，严格按照课程标准进行教育教学活动，坚守“底线”思维，严禁随意减少课程内容，不得随意拔高或降低教学要求。精准把握语文学科特点，避免单纯讲习语文知识、忽略人文内涵的教学取向，也要杜绝淡化甚至忽略语文的“工具性”、片面扩张语文的“人文性”，将语文课上成“非语文课”。提高对教科书的认识，发挥好教科书作为“最好例子”的作用，改变淡化甚至忽视语文教科书的错误做法，充分把握教科书的整体建构体系，充分理解教科书的主旨精神，基于教科书进行整体安排，拓展整合、科学统筹、精准实施，提高初中语文课程实施水平。

第四，树立“整体”意识，把握好学科核心素养要素之间的关系，整体提升初中学生语文核心素养，有效达成教学目标。从“双基”到“三维目标”再到“核心素养”，语文教学内容与学习目标不能截然分割、有所偏废，而要遵循整体推进、有所侧重、循环提高的策略。“语言建构与运用”是语文核心素养的基础，“思维发展与提升”是语文核心素养的形成标志，“审美鉴赏与创造”是语文核心素养的综合应用，“文化传承与理解”是语文核心素养的终极旨归。以语言和文字作为主要学习手段和学习对象,让学生在语言文字学习和语文实践中,获得熟练运用祖国语言文字进行交流和沟通的能力,同时发展思维能力、提升思维品质,在祖国语言文字的学习和使用中发现美、体验美和创造美,最终实现文化的传承与理解。

第五,实施“重点突破”策略,推进单元拓展整合阅读工程和写作教学序列化改革,扩大学生读写总量,提高写作水平。重视朗读,以“经典诵读”为核心,开展形式多样的朗读活动,让琅琅书声回归课堂、回归语文教学、回归校园。推广“1+X”等拓展阅读模式,以教材中的一篇文章或一个单元作为阅读“原点”和“生发点”,收集、阅读与所学文章或与单元教学重点相关、相近或相对的多篇文章或整本书,养成“多读书,读好书,好读书,读整本书”的习惯,完成初中学段600万~900万字[其中经典诵读数量为300~500篇(段)]阅读量的目标。改变写作教学训练“笼统无序”“机械重复”的状态,倡导科学化、规范化、阶梯化训练,倡导读写结合,注重联系实际,强化思维引领。其中,写作训练要过好六关:“书写”关,通过文字书写练习,培养文字书写的能力;“用语”关,通过积词炼句练习,培养运用语言的能力;“构段”关,通过联句构段练习,培养联句构段的能力;“谋篇”关,通过布局谋篇练习,培养布局谋篇的能力;“立意”关,通过思辨立意练习,培养思辨立意的能力;“选材”关,提高扣题选材的能力。提倡“真善美”,反对“假丑恶”,倡导朴实的文风,鼓励学生说真话、实话、心里话,不说假话、空话、套话。学生可以写想象中的事物,写作练习也不排斥一定数量的文学创作活动,但要避免泛文学化。

第六,重构基于语文核心素养的教学评价模式,有效引领和促进学校语文课堂教学改革。将是否促进学生语文核心素养提升作为评价语文教师课堂教学的核心指标。

降低语文知识类、纯粹技能类内容的注重程度,加强培养学生运用所学知识分析和解决实际问题的能力,实现学生由背诵学习知识为主向提高能力为主、提升语文素养为主的转变,在注重帮助学生掌握基础性知识的同时,重视过程方法和情感态度价值观目标的达成。全面动态关注学生语文学习的状态及水平,全面提升学生的语文素养。

二、探索“三段式”阅读教学模式的课内外结合

课改组在前期研究的基础上,为完善初中语文“三段式”阅读教学模式的实践探索,提高“三段式”阅读教学模式的有效性,以教材阅读为基础,选取“内容主题为导向的结合”“写作方法为纽带的结合”“作家作品为组合的结合”三个角度向课外阅读延伸,将课内外有机结合,更广地开阔学生的视野,扩大阅读量,

拓展阅读范围，有利于推动本校语文“三段式”课堂教学模式的完善。在此过程中，课改组找到了课内外结合的契合点，形成了“主题内容结合”“写作方法结合”“作家作品结合”的一系列较为成熟的做法；探索出高效指导学生阅读与写作的方法，有利于增强学生阅读和写作的兴趣，提高学生课外阅读和写作的能力，确保“三段式”阅读教学模式下阅读内容的延展性。同时搭建了交流平台，促进了教师专业化成长，从而提高了语文教学成绩。

（一）“三段式”阅读教学模式下课内外结合的研究目的

近年来，受教育体制的影响，学生对语文学科的重视程度远远不够，学生的阅读水平和阅读质量明显下降，学生死读书的情况比较严重。为了培养学生学习语文的兴趣，切实提高语文教学质量，拓展学生学习语文的空间势在必行。但学生的生活实际又给这种拓展带来了较大的困难。

第一，尽管国家倡导推进素质教育时日已多，减轻学生过重课业负担的要求三令五申，但由于种种实际原因，学生依然深陷于题海之中，很少有可以自我支配的时间。

第二，即使学生有了一定的自我支配的时间，学生往往也不会把时间花在课外阅读上。他们有的沉迷于电视之中，有的陷于游戏机房而不能自拔，有时甚至连必要的作业都忘了做，更不会想到要进行有益的课外阅读。

第三，有部分学生虽在进行课外阅读，但是他们在看些什么呢？有的看武侠小说，有的看言情小说，有的看网络小说，有的看卡通连环画……很少有学生看中外名著及其他优秀的文学作品、科普读物、历史地理及艺术类读物。

第四，部分学生虽想看中外名著等文学作品，但因自己买不起书而望洋兴叹；而学校图书馆由于条件限制，无法向学生定期出借一些优秀读物。有的虽看了却又看不懂，觉得没有“味道”。而且有的同学开展课外阅读时又遭到家长或有些老师的反对。

以上种种，大大制约了学生阅读水平的提高，成了语文教学的绊脚石。为使初中语文“三段式”阅读教学模式改革切实、有序、高效地进行，海阳市行村镇赵疃学校进行了语文课内外阅读相结合的课堂教学实验研究，构建了一个开放的学习语文的新体系，以“主题内容结合”“写作方法结合”“作家作品结合”为抓手，沟通课堂内外，架起课内与课外、阅读与写作、阅读与语文实践活动的桥梁，全面拓宽学生的课外阅读与写作空间，提高学生的阅读效率，促进了学校语文教学质量的提高。

（二）“三段式”阅读教学模式下课内外结合的研究意义

课内外有机结合的阅读教学打破了只教一本语文书的格局和封闭式的课堂教学，让语文教学融入时代，与社会生活衔接起来，无论是语文的常态课，还是阅读课、写作课,或者是语文综合实践课,我们始终秉承一个教学理念,那就是将课内与课外有机结合起来。我们尝试在教学的各个环节适时融入课外知识,让课外阅读为课内阅读服务。无论是教师的导入、课堂的讲评、作业的设计环节,还是学生的课前演讲、自主学习,都有效地融入课外的知识;无论是教师通过本身的语言特色还是通过教师的充足备课,都让学生感受到课外知识与课本知识结合的魅力。所以,课内外阅读有机结合的有效实施,能在很大程度上提高学生的语文综合素养和人文素养。

此项探索可以让教师在语文教学的过程中找到支撑点。学生可以在课堂上学到丰富的课外知识,在课堂上体验到学习的乐趣,在课堂上提高自身的素养。

(三)“三段式”阅读教学模式下课内外结合的研究假设

我们的初衷是,在全校范围内探索初中语文课内外阅读相结合的方法并通过实验得出研究结论,让学生喜欢语文,在喜欢中获得兴趣,在兴趣中找到方法,在方法的指引下大量地阅读,拓展自己的知识面、提升自己的阅读水平和写作能力,也有利于提高中学语文教学成绩。

具体来说,结合本校语文教师的教学现状及学生实际,我们的课内外阅读相结合似可通过三种途径进行尝试,即以单元内容主题为导向进行结合、以文本的写作方法为纽带进行结合、以作家作品为组合进行结合,以期让学生在课堂上收获以前的常态课所读不到的内容。

(1)按单元主题内容进行结合。根据本单元的主题,教师或是学生选择多篇与本单元主题一致的课外文章进行阅读,以加深对同一主题的文章的理解。

(2)按文本的写作方法进行结合。根据文章的写作方法,教师或是学生有目的地选择多篇与本文写作方法一致的课外文章进行阅读,以加深学生对此种写作方法的理解和应用。

(3)按作家作品进行结合。根据作者的创作情况,教师或是学生再去寻找多篇该作者的作品,这样,学生就可以从多个角度来感知作者的创作风格以及他的作品特色,有利于学生全面理解本文的内容,从而理解文章的主题及作者的写作风格。

如果我们能够长期坚持这种课内与课外相结合的方式,每学习一篇典型的课内文章,我们都有目的地加进多篇课外文章进行充实,这样,学生的阅读量自然就增加了,阅读水平随之也就提上去了,阅读效率自然也就提高了。阅读与写作是不分家的,阅读水平提高了,写作水平也会随之提高。最终,我们就会迎来一个可喜的语文成绩。

(四)“三段式”阅读教学模式下课内外结合的核心概念

课内:主要指学习课本知识。

课外:主要指学习课本以外的有关知识。

课内外结合:教师借助多种课型(常态课、阅读课、写作课、实践课、活动课等),依据文本的主题内容、写作方法、作家作品等分类方法,有效地将课外知识融入课内知识中,让学生学到更多的课外知识,达到课内外知识的有机结合。

(五)“三段式”阅读教学模式下课内外结合的研究背景

国内语文界关于课内外有效结合的研究有很多。江苏省中小学教学研究室的课题“中学语文课内外阅读有效管理方式的研究”的着眼点放在“有效管理”上;江苏省常州市金坛区的课题“语文课内外学习有效结合的策略研究”只是研究了课内外学习的有效结合。从我们烟台市来看,在教师专业化运动蓬勃发展、高效课堂建设深入推进的时代背景下,“大量读写,双轨运行”课题实验已在烟台市开展十多年,学生的阅读水平和写作水平都有了不小的提升,但受学校课节安排的限制及学校阅读场所的限制,加上学生及家长阅读意识的淡薄,很多学生只在阅读课上进行被动的阅读,除此之外,再无别的阅读活动。学生阅读面打不开,他们的阅读水平就很难提高,阅读效率自然也就令人担忧。海阳市教研室出台了《关于中小学语文学科教学改革的指导意见》,通过对学生进行课内课外阅读的整合,提升学生阅读能力、写作能力和语文素养。

为此,我们针对课内外阅读相结合的实践与探索就着力于解决学生阅读效率不高、写作能力不强的问题。但如何来寻找课内与课外的结合点,如何将课内与课外的知识进行有机整合,更好地提高学生的阅读水平和写作水平,成为关键的问题。

(六)“三段式”阅读教学模式下课内外结合的研究内容和目标

1.课内外结合的研究内容

按照课内外结合的方法,我们主要探索以下三方面的内容:一是“三段式”阅读教学模式下以内容主题为导向的课内外结合,二是“三段式”阅读教学模式下以写作方法为纽带的课内外结合,三是“三段式”阅读教学模式下以作家作品为组合的课内外结合。

2.课内外结合的探索目标

本项探索立足于“以人为本、发展为本”的视角,着眼于学生认知、思维等多种素质及能力的全面和谐发展,合理地将课内外的知识进行有机整合,在初中语文“三段式”阅读课堂教学模式下有效地实施,旨在构建一个开放的学习语文的新体系,沟通课堂内外,充分利用学校、家庭等教育资源,拓宽学生的学习空间,找到在“三段式”阅读教学模式下进行课内外结合的新思路,以此激发学生对语文的兴趣,拓展学生的知识面,全面提高学生的语文素养,打造和谐高效的语文教育环境。

(七)“三段式”阅读教学模式下课内外结合的技术路线

技术路线按照“确定问题—分析现状—提出假设—实验操作—反思改进—总结报告”的思路组织实施,具体研究包括以下四种方法:一是文献资料法。检索近年来与之相关的国内外的各种原始文献,了解关于课内外结合在初中语文“三段式”阅读教学模式下的进展,吸收对本项探索有用的研究思路和方法。二是实验研究法。在一定的理论指导下,创造条件,对实验对象施加影响。有目的地观察记录实验对象的变化,从而深入开展课题研究。聘请市内外的专家担任本课题研究的指导顾问,提高课题研究的计划性和效益,促使课题规范、正常运作,从而达到既解决问题又增长认识的双重目的。在实践探索过程中,我们通过对比实验发现问题、总结规律,使此研究不断深入。三是教学案例法。选取所有参与研究的骨干教师所在的班级,以他们在“三段式”阅读教学模式下开展课内外结合的探索为研究案例,以便从实践中积累研究成果,形成经验总结和实验研究报告。四是调查研究法。通过问卷、访谈、测量、研究等科学方式,有目的、有计划、系统地搜集有关问题或现状的资料,从而获得在初中语文“三段式”教学模式下关于课内外结合研究的相关事实,并形成关于课内外结合教学模式的科学认识。

(八)“三段式”阅读教学模式下课内外结合的实施步骤

本项研究根据实验方案,分准备、实施、总结三个阶段进行。

1.准备阶段

成立“课内外结合在‘三段式’模式下的实验与研究”改革实验组,确定实验组长,选择有经验、有实力、责任感强的教师组成改革团队。校长根据实验与研究的要求认真部署实验工作,并拟定实验整体方案。组长组织相关理论的学习,以提高参与教师的专业水平,做好实验团队教师的培训工作;安排教师进行资料的准备、调查分析等工作;同时组织教师研讨整体方案,制定出“内容主题为导向”“写作方法为纽带”“作家作品为组合”三条路线,进行课内外结合的探索与实践。

2.实施阶段

该阶段主要进行实验研究,教师们分别进行资料收集工作,并做好研究记录,定期在学校进行交流研讨和公开课展示;课改组核心成员曲新美在海阳市初中语文专题会议上做关于课堂内外写作方法的报告,得到了观摩领导和教师的赞许,大家肯定了课改组在课内外写作方法方面的研究成果;课改组教师每个学期进行一次定期交流,撰写课改实验报告,多次邀请市教研室领导进行现场指导，提出宝贵的指导意见，并根据课题进展情况随时灵活调整研究方案；参与课改的教师做好优质课、论文、教育故事、教学案例等一系列评比活动。我们借助教研室语文优质课评选这个平台，在对教师进行评选时，要求教师采用“一拖三”的授课方法，即讲课时，教师讲解的是一个单元的内容，重点讲解一篇课文，由这一篇课文延伸出三篇课文。这样的评价思路也推动了我们课改的研究。

3.总结阶段

此为探索成果形成阶段。课改教师对改革过程中积累的资料进行汇总、分类，做好资料的存档工作。在总结阶段，我们先对前期工作进行梳理，并根据我们的实施方案以及后期所做的一系列工作，认真进行改革工作总结。在整理的过程中，我们也发现了改革过程的一些问题；实验教师虽然学习了大量的相关理论，做了大量的改革实践工作，却不知道如何去撰写总结报告，这也为我们以后的改革提供了完善的方向。

(九)“三段式”阅读教学模式下课内外结合的探索结果分析

为突出语文教学的整体性、科学性，为学生创造一个“大语文”氛围，我们高度重视课程资源的开发与利用，创造性地开展各类活动，增强学生在各种场合学语文、用语文的意识；建立生动活泼、开放自如的“三段式”课堂阅读教学模式和全面的学生学习评价方式，通过多种途径提升学生的语文素养，使学生在不同内容和方法的相互交叉、渗透和整合中开阔视野。课内外结合下的阅读教学还可以使语文课堂由“少、慢、差、费”变为“多、快、好、省”，全面培养学生的“听、说、读、写”的语文实践能力，体现学本课堂，实现生本教育的终极目标。

1.以内容主题为导向的课内外结合的实验与研究

以内容主题为导向的课内外结合的研究目的是拓展学生的知识面。内容主题的结合主要是指在我们常态的语文教学活动中，以教材中的精读课文为依托，确定单元教学主题，然后围绕主题对教材进行重组、删减或补充，选编与单元同一题材的范文佳作作为阅读教学延伸的辅助读物，使学生在有限的课堂学习时间里尽量多地接触语文材料，进行知识拓展。

当前初中语文阅读教学在阅读目的、阅读内容、阅读方法等方面都存在着一系列亟待解决的问题：教学往往带有较大的功利性，看重短期的考试、竞赛价值，而不去追求阅读对学生精神生命成长和升华的恒久价值；课内和课外的阅读缺乏有主题的整合，甚至在阅读内容所蕴含的价值观上存在冲突，对学生人格发展中非常重要的价值观形成产生负面影响。为此，我们课题组对初中语文的阅读教学首先进行以内容主题为导向的课内外结合的研究。

综观近十年初中语文阅读教学，与以往相比有很多新的变化，主要表现在以研究性阅读和新概念阅读两种新的视角来诠释阅读教学理论。阅读教学模式的建构体现在个性化阅读、语感教学、自主阅读、快速阅读、互动性阅读等方面。阅读方式的变革体现在网络阅读、扩展性阅读、整体性阅读、比较阅读和批注式阅读等。其中较为突出的课题实验有:山东高密开展大量阅读双轨运行实验,以“大语文教学观”为指导,以大量读写为教学手段,强调课内外结合,充分发挥学生的主动性,大面积提高初中语文教学质量。该课题通过对语文教学要素的重组,采用“识字双轨、阅读双轨、听说双轨、习作双轨”这四种策略,使它们相互作用,相互影响,发挥了 1+1>2 的整体功能。清华大学附属小学窦桂梅的主题教学研究,是从学生自身特点和学习现状、课程单元以及教材自身出发,提炼教材的“主题词”,即与生命体验有关的属于“人生意义”的词语,以“积累、感悟、创造”为形式,由一主题“牵一发”动教材知识体系的“全身”,从而站在哲学的高度,全新全面认识课堂教学,整体构建课堂教学的一种体系。华中师范大学教科院夏家发的“以学生为主体的课外阅读指导”研究,旨在根据初中学生各个学段的阅读倾向、身心特点、阅读喜好来选择阅读文本,进而培养学生的阅读速度、思维方式、阅读习惯和思想修养等。该课题强调将文本按一定标准、体裁分成不同类别,如故事、童话、传记、游记、历史、艺术、小说等,并按学生的需要选择阅读材料。

以上研究虽各有侧重,但多关注阅读方法、阅读与其他能力间的联系及阅读教学模式的建构等,对于扩大学生的知识面没有形成一个系统的研究思路与结果,在此基础上,我们课题组本着开阔学生阅读视野、扩大知识面的原则,进行了以内容主题为导向的课内外结合的研究。我们的研究围绕一个单元主题进行,其优势就在于学一课带一串,教学内容密度高,容量大,综合性强,学生所学是多方面的、立体的,对其知识的拓展非常有利。具体操作方法有以下几个方面:

(1)明确主题,确定目标

在学习每本教材之前,我们首先引导学生从整体上了解一本书的内容,明确其总目标和阶段目标即单元目标,让学生对整个单元的学习内容有一个初步的了解,然后根据单元主题内容,做好主题阅读教学目标的确立。

在实际阅读教学中,常常存在的问题是教师对文本理解不透,对学情了解不够,确立的阅读目标常常空泛化、狭隘化,或者随意化、含混化,脱离学生实际,高估或低估学生的认知水平和语文能力,导致阅读教学效果不显著,学生的知识面没有得到相应的拓展。为了避免这些问题,课题组骨干成员召开会议进行了研究。课题组教师在确定主题阅读目标时做到以语文新课程目标为准绳,以主题阅读教学内容为依据,使其真正符合学生认知特点以及原有的认知结构;在主题阅读教学目标确立中协调好知识与技能、过程与方法、情感态度与价值观三要素之间的关系,结合主题阅读教学的实际,运用合适的陈述方法,使阅读教学目标的陈述内容清晰、明确、具体、细致,避免含混不清和不切实际,具有可测量性和可操作性并且有利于教学评价。

其一是三维目标的界定。三维目标包括“知识与技能”“过程与方法”“情感、态度与价值观”。知识与技能目标中,知识目标是指对学生通过语文主题阅读活动后能“知道什么”或能“说出什么”的预期。除了要求学生掌握言语信息外,还包括字词句段篇等文法知识。我们通常确立的知识目标有:学习本文后,能复述文中记叙的事件,能说出文章作者的主要作品,能说出记叙文的记叙要素有哪些;能复述说明对象的特征,能说出说明文常用的几种说明方法,并在文中举例说明;能够复述文中所论述的问题,能列举出文中所用的论据;等等。技能目标是指对学生通过主题阅读活动能够“做什么”的预期,属于程序性知识。通过观察学生阅读过程中的行为表现,教师判断学生是否掌握了阅读技能,此项技能突出学生能够指出文章是“怎样表达的”。过程与方法目标,是指对学生通过主题阅读活动“用什么方法做”的预期,它针对学生在学习语文和运用语文时,能否运用一定的方法调控自己的记忆、思维过程,以提高学习和运用语文的效率而提出的。情感、态度和价值观目标,是指对学生在主题阅读活动后“赞成或反对什么(或做什么)”的预期。它是针对学生通过阅读学习在心理状态上能否发生变化而提出来的。

其二是确立目标的步骤。我们确立目标的依据首先是遵循初中语文新课标的要求,其次是体现主题阅读教学内容的特点,最后是尊重学生的认知特点以及原有的认知结构。确立主题阅读教学目标的步骤如下:一是初步建立目标。初步建立目标,就是按照初中语文新课标的要求,根据主题阅读教学内容的特点,在了解学生的认知特点和已有的认知结构的基础上,对主题阅读教学实践的方向和所要达成的结果做初步的预设。在这个阶段,我们需要充分考虑各种因素,从各个层次、各个水平初步建立起相关的主题阅读教学目标。这些目标可以是与主题阅读教学内容相关的所有目标,在初步建立的过程中,它们可以是无序的,但一定是要全面的,从而为进一步整理排列做准备。二是整理排列阅读目标。整理排列阅读目标,就是根据主题阅读教学目标的类型,对初步建立的阅读目标进行分类与筛选,去掉重复的目标,整合相似的目标,提炼并具体化模糊的目标,使目标呈现层级性、序列性,形成一个系统,并使之具有可操作性。我们一般根据目标的难易程度对其进行排列,将子级目标作为上级目标的准备前提。

总之,实验组在整理排列目标时,强调逻辑清晰、排列有序、由易到难逐步实现的原则,让主题阅读教学目标成为一个统一的、有内在逻辑联系的、系统性的整体。

(2)取法课内,受益课外

在语文阅读教学中,我们秉持“以典范为例,授之以渔”的原则进行教材主题整合教学,搜集与文章相关、相似、相近甚至相对的材料,从不同角度对文章所涉及的主题进行全面了解,不断在阅读中丰富学生对主题的认识、感受,丰富自己的语言。同时挖掘主题内涵,在文章的关键点、相似点、生长点等处进行适当的拓展,从一文拓展到多文,从一册书拓展到多册书。这样通过对不同文体、同一主题文章的学习,归纳出一般的学习方法,让学生举一反三,触类旁通,以“一篇”或“多篇”带“多篇”,提高阅读能力,掌握学习方法,倡导自主、合作、探究的学习方式,彰显并完善“三段式”阅读教学模式。在较短的课堂教学时间里,拓宽学生的知识面,使他们在不增加课业负担的前提下,得到更好的学习效果,为学生的终身学习打好基础。

①文同主题,学习读法。确定好主题,选择好相关主题的文本材料后,接下来就是教给学生基本的阅读技能和阅读方法,让学生在阅读中丰富知识。叶圣陶说,“教是为了不教”,“为教,不在全盘授予,而在相机诱导”。实验组教师在实验过程中,明确了阅读作为一种基本的智力技能,包含一定的能力层级,所以应避免阅读指导的随意性和零散现象,力求做到有一定的指导体系,系统地对学生的阅读能力和阅读方法进行点拨。实验的阅读方法有以下几种:

一是感受性阅读。感受性阅读是培养阅读能力和方法的基础。读书的关键是“读”,只有“读”了才知道文本中的人物、事理、情趣,“读”了才能感受到文本作者在字里行间渗透的情感,才能品尝到文章的深邃与空灵。古语说:书读百遍,其义自见。所以,这种方法就是带领学生多读,用“心”钻到文章里,去感受文章的精华。

二是理解性阅读。理解性阅读是培养阅读品质、提高阅读品位和阅读能力的必经之路。在感受性阅读的基础上,可联系作者或文章主人公的时代背景,分析作者的写作意图以及主人公形象。理解性阅读着力强调知识的迁移,理论与实践的结合,是学以致用的阅读途径。

三是鉴赏性阅读。鉴赏性阅读是语文阅读教学中一种高层次的阅读境界。鉴赏优美的文学作品,学生能够从中获得身心的愉悦,更重要的是能够借鉴作者观察社会的角度、认识事物的方法以及布局谋篇的思路,从而找到运用语言准确表达思想的途径,形成自己的写作个性。正因如此,我们常常引领学生进行多元化的诵读,声情并茂地进行赏析,通过诵读的方式引导学生将思维的触角深入文章的内涵中,将“读”的思维与作者“写”的思维契合在一起,引起学生更深的感悟与思考。

四是比较性阅读。比较性阅读是在理解阅读的基础上对作品做较为深入的带有创造性的阅读。即便是同主题的文章，其文体构思或题材的差异依旧明显，从指导学生不断地分析、咀嚼、鉴赏文章中的“求同存异”，到在“异中求同”中归纳出某些共性，找出规律性的认识，使学生在辨识中学会整体性比较，形成自己的文学阅读能力。

②以点带多，扩展阅读。课堂文本资源是单一的、有限的，要想提升学生的语文素养，单靠课堂文本显然是远远不够的，必须大量地扩充课外读物，增加课外阅读量，使学生“得法于课内，得益于课外”，所以我们经过讨论，最终确定采用“以点带多，扩展阅读”的方法进行多方位的课内外结合。“以点带多”就是选择同一主题的典范课文进行学习，然后选择相同主题的课内外材料进行阅读拓展，以此开阔学生的阅读视野，拓展学生的知识面。

经过一系列的探索与实践，课改组通过测试发现，实验班的学生知识面比对照班学生知识面明显宽广许多，表 2-1 的数据表明此项实验已见成效。

表 2-1　实验班与对照班学生检测成绩对比

	2011 年 11 月期中质量调研		2013 年 7 月期末质量调研	
	及格率	优秀率	及格率	优秀率
实验班	80.6%	15.9%	96.1%	51.6%
对照班	79.2%	12.1%	86.1%	32.9%

2.以写作方法为纽带的课内外结合的实验与研究

以写作方法为纽带的课内外结合的探索与实践的目的是对学生的阅读能力与写作能力进行有效训练。阅读，不仅是学生获得写作范式的必由之路，而且还能训练人的语感、理解力、思维和想象力，而这些都是写作过程中不可或缺的。学生还可以在阅读中受到科学的世界观、积极的人生态度、正确的价值观念的熏陶，高尚的道德情操、健康的审美情趣的濡染，从而提高自身的精神境界、文化品位和审美情趣。可以说，没有阅读的充分铺垫，写作就是空中楼阁。对于教材的处理以及应用，有的适合拓展阅读，有的则适合进行写作迁移。所以，实验组尝试在阅读教学中以写作方法为纽带进行课内外结合的实验与研究，并在阅读教学中渗透写作训练，激发学生的写作动机，引导学生由阅读走向写作，渐渐提高阅读与写作能力。

实验组对于这个方面的实验与研究，来自中学生读写现状。如今学生面对语文课本,任务性多于兴趣性,那些文质兼美的文章大多只被看成与考试紧密联系的阅读资料,阅读比较被动。学生阅读兴趣不高,“文字快餐”成了学生的“掌中宝”,甚至重读图而轻读文。最令人担忧的是许多同学的阅读是走马观花、囫囵吞枣,读了不少文章,但并未内化为自己的阅读、写作能力,所以提起笔来总是苦于素材缺乏,没有什么可以感动自己,写出的文章内容空洞,形式单一,缺乏个性,语言乏味,情感失真等等,写作水平不尽如人意。如何提高写作能力,成了学生们的大难题。许多人认为,唯一的捷径就是大量的习作练习,在完成大量的习作任务中去运用词汇、练习技能技法,逐渐熟练起来。这的确是提高写作能力的办法,但不是最好的办法。只靠机械性的练习,很难走出词汇贫瘠、思路僵化的窘境,容易让学生为写而写,渐渐偏离了写作的本质。

出现这种情况的原因在于,新课程理念虽然提倡素质教育,提高学生的语文素养,但是在现行考试制度下,仍无法摆脱应试教育的束缚。于是,学生们产生了功利性的阅读和写作动机,阅读时间被大量挤占。在阅读过程中,许多学生忽视了思考、借鉴与学以致用。

同样的背景下,教师作文教学的一个显著问题就是将“阅读教学”与“作文教学”“分家”,保证阅读教学,而将作文教学仅仅作为“点缀”。于是在讲读课上只进行范文教学,不搞作文教学,作文教学的内容或存在的问题放到作文课上去教授、解决。而作文板块也在语文课本中被淡化,如今只在每一单元的综合性学习中有一两道作文题,很多时候,作文教学成了教师们的“软任务”,而且也无教材可依。一些教师甚至认为:作文教学是费力不讨好的事,没有精心研究。教师们面对作文教学比较茫然,缺少系统性的作文教学计划、教学内容,教学方法五花八门,教学开展显得比较散乱。

鉴于当前中学生阅读与写作现状以及原因分析,实验组尝试以写作方法为纽带进行课内外结合的实验与研究。具体操作方法有以下几个方面:

(1)依托教材,建立主题素材库

根据初中语文教材的安排,确立教材的主题,如自然、亲情、理想、信念、爱国、科学探索、艺术、生命、成长、战争、求知等等,选择同类主题的课内外文章进行阅读。在阅读的过程中,进行整合加工。方法如下:一是移花接木。如可以对一个个单一的材料进行改造、拼接或更换,将几个人的特点融合于一个人,或将几件事进行剪辑组合。二是定点演绎。从课文中撷取一个材料,可以是一句短短的诗歌,可以是文中的一个形象,可以是故事中的一个细节,再通过合理想象演绎成文,从而转化为自己的东西。三是视角转换。选取文中材料,更换人称或更换叙述的视角,然后加以点染。同样的材料,再另辟蹊径,从而给人耳目一新的感觉。同样是《隆中对》,从诸葛亮的角度看,可以定位为责任、承诺;从刘备的角度看，则是礼贤下士、执着坚强；从徐庶的角度看，则可以定位为伯乐善识人才。

(2)以读促写，习得精品技法

阅读可以促进写作，关键在于从阅读中学习其写作技法，然后进行归纳整理，直至运用。习得技法主要从以下五方面展开：

一是重视文题解读。我们的语文教材所收的篇目，其标题可谓各呈异彩：或新颖别致，耐人寻味；或意境深远，含蓄隽永；或生动形象，脉脉含情；或主旨突出，旗帜鲜明；或言简意赅，高度概括；或托物言志，精练传神……对这些颇具特色的标题，在导入新课之时，我们总是着意从内容、范围、文体、语法、修辞等方面启发学生品味、比较，用心抓“题眼”，让学生明确题目与内容的关系，懂得精心命题的妙处，学会拟题的方法。这样篇篇渗透，天天“见面”，耳濡目染，使学生既掌握了命题技巧，又深味了文章内涵。作文课上，自命题作文时，学生根据训练要领，会拟出许多言简意赅、新颖而又颇具吸引力的标题，学习效果不言而喻。

二是“拿来”构思立意。当代著名作家从维熙说：“作品的构思可以比作工程师的草图设计，只有经过反复推敲之后，才能大兴土林，挖基开槽，一砖一石地盖楼建厦。”从中，我们足可见构思立意、布局谋篇之重要。诚然，作文构思方法种种，但万变不离其宗，都可以从课文里广泛地“拿来”。对构思新、立意深的主题文本，我们在备课时会精心准备从其中学习技巧的“引入”点和“结合”点，上课时则有的放矢地指导学生悟其“怎样写”的规律，最后师生一起绘出文章结构的纲要图表，以资借鉴。另外，我们还经常因文而异设计相应的作文训练题目，让学生找准最佳联系点，选好依傍的格局范式，快速运思成文。学生经过“借瓶装酒”到“借神骨以创新篇”的历练，很快掌握了基本原则和方法。其构思立意的严密性、灵活性、深刻性与日俱增，评改时，我们引导学生把自己的作文跟学过的课文再行对照，使其从实践到认识，不断巩固深化学习成果。

三是品析妙词佳句。主题文本多为名家名作，或朴实真挚，或凝练准确，或委婉隽永，或辞达情真，或自然清新、字字珠玑，语言技巧都很高超。对于那些空灵华美的妙词佳句，我们要求学生一要咀嚼、品尝，领悟其中的味儿，培养语感；二要广收博采，不断积累丰富词汇、辞格，掌握各种句式的特性，不拘一格，广开“语”路；三要注意学以致用，尽快将阅读中获得的养分转化为表达能力。我们坚持师生平等，严格要求自己，以身作则，用心把课文中的名言佳句“移植”于课堂教学语言之中，凭美的教学语言创设美的意境，让学生时时熏陶感染于语言的特有魅力之中，以此强化他们在自己的言谈和写作中对美的语言的自觉追求和把握能力。

四是开拓想象空间。写作需要想象，它可以让理论的化为形象，静止的继续行动，片断的两头延伸，浓缩的得以扩展。教学中，我们常常用仿写、续写、引写、扩写和补写等方法来激发学生的想象力。

仿写的对象一般是经典之处。仿写就是教师先对教材中精选的文章进行写作要素和审美意蕴的点拨，然后让学生以此为范本进行借鉴、摹写。阅读是因文得意，写作是因意为文。它们是相互独立又是相互依存的。利用仿写打通阅读与写作的壁垒，能有效地帮助学生形成写作能力，习得写作方法。续写是在意犹未尽处进行的，即是顺着原作的脉络、思路再作想象。它的实质是延伸作文。教材中有不少课文的结尾戛然而止，给读者留下了丰富的想象空间。教学时，我们会巧妙利用这样的课文结尾，激发学生展开合理而精彩的想象与推理进行续写。续写除了引导学生进一步把握人物性格和文章中心以外，更能对学生的思维进行训练。引写是利用课文的插图进行的。我们认为，凡是存在的都有它的利用价值，如课文的插图。插图是文章内容的艺术再现，它是阅读的辅助，同时也可以成为我们训练写作的材料和抓手。如讲授《福楼拜家的星期天》时，我们让学生先观察书中插图，再描写人物、猜读人物，然后与课文作比照，看看写作大家莫泊桑是如何描写人物的，最后进行消化吸收。这样一来学生的写作积极性被大大地调动，而且学生还学会了如何去传神地刻画一个人物。扩写是在凝练处进行的。无论是教材还是我们所选的文本，其语言往往简洁、凝练，特别是文言文和古诗词。因此，教学中我们会引导学生于此作文章，将原作加以扩充、拓展和发挥，充分发挥想象力进行扩写，让文章的内容更具体，让情节更生动，让形象更突出。补写是在空白处进行的。有很多课文都留有一定的空白，或是在结尾，或是在中间。教学中我们会引导学生发挥想象力来“填充”空白，有多少个读者就有多少个答案。补写留白能让学生的想象能力、创造能力、感悟能力都得到提高。

五是抓好细节描写。好的细节描写得逼真、生动、鲜明、具体、精妙，常常是一篇文章的闪光点，也是文章借以显示人物性格、表达主题的一种技巧。

在授课过程中，遇到对学生的写作有典型示范作用的精彩片段，我们会引导学生反复诵读，分析它的表达效果。同时，让学生细细筛选、分类、归纳，予以评注，制成卡片，并通过写教材评论和读书会等活动，督促学生经常读一读、想一想、练一练。久而久之，学生见得多了，琢磨得透了，就会在写作中熟练运用，为写作增添韵味。

(3)读中促写，活用阅读方法

我们常用的阅读方法包括以下五种。一是摘抄法。指导学生将在阅读中遇到的优美的语言、生动的事例、深刻的哲理摘抄下来，如果是属于自己的书报，可把全文剪下来，贴在专门的剪辑本上。当然在实践的过程中，也提倡在直接摘抄的基础上再作一些艺术的整合加工。二是批注法。要求学生对自己感兴趣的、认为写得好的句与段进行圈点，在字里行间释词释义，予以批注，写上一两句对该段的理解和评价。这是最基本也是最常用的阅读方法。这样长期坚持，不仅能促进阅读能力的提高，也必然能在潜移默化中丰富写作技巧。三是片思法。当读到对自己有触动的文段时，或质疑，或思索，或引申，把当时的所思所想随手记下来。这些记录是零碎的、片断的、不完整的，可待以后翻阅时进行深入思考，提炼观点，整理成文。四是赏析法。对语言特色、篇章结构、立意选材等方面有特色的文章进行分析鉴赏。这样的赏析不要求像正式的文章赏析一样求全求准，只要求能把心中所想准确地表达出来，锻炼思维，丰富感受。五是背诵法。对一些优美的句段，特别是古诗文中的名句名篇，要求学生在充分感受、理解的基础上，反复吟咏体味，最终背诵下来。背诵的多了，自然词汇丰富了，才可能运用自如。

我们按照上面所述，在写作之前的阅读教学中制定出一个整体的计划，形成读写序列，按照循序渐进的原则进行相关的读写训练，这样在阅读教学中渗透、点拨学生，引导学生运用多种阅读方法，学习主题文本中的精品写法，开掘教材的源头活水，使得语文课内外阅读教学与作文练习形成一个有机整体，统筹兼顾，收到事半功倍的效果。

经过三年的探索与实践，“三段式”阅读教学模式逐渐成熟，课改组对实验学生在实验前与实验后作了相关的数据对比，发现学生的阅读效率和写作能力大大提高(见表 2-2)。

表 2-2　实践前后实验学生阅读效率占比情况调查

	新文解读		阅读兴趣		阅读速度		阅读效率		写作能力	
	听讲	自读	无趣	有趣	较慢	较快	较差	提高	高	低
研究前	78%	22%	81%	19%	83%	17%	81%	19%	12%	88%
研究后	36%	64%	30%	70%	29%	71%	29%	71%	82%	18%

3.以作家作品为组合的课内外结合的实验与研究

以作家作品为组合的课内外结合的实验与研究的目的是对学生进行必要的文化熏陶，提高学生的语文素养。我们深知，并非任何课文、任何学习内容都必须进行阅读与写作拓展，所以我们围绕语文来拓展、迁移、引申，目的是让学生对语文有更深入的认识和更真切的体验。我们明确，真正意义上的拓展延伸除了有一条最基本的原则——拓展的立足点是课文外，还有拓展的目的，就是让学生在现有的且是必要的阅读经验与应有的课文阅读成果的基础上获得思维扩展的最大化。其中"作家作品结合"就是语文常态课的延伸，是引导学生进行更深层次的语文体验的有效方法之一。

很多文章的解读需要结合相关的写作背景以及作者的其他作品，这样不仅有助于学生对文本的把握，更有利于对学生进行文化熏陶。但是在实际教学中，每当遇到相关的作品阅读时，教师的备课与学生的阅读并非成正比，教学效果并不显著，学生缺少了一种阅读的热情，对作品的内容也是一知半解，往往是机械地接受，并非完全投入地进行阅读。这样就连对文本的解读都没有起到相应的作用，更别谈文化熏陶的作用。

为了改变这种现状，让学生在阅读中能更好地接受文化熏陶，实验组的具体操作方法有以下几种：

(1)角度多元化

首先，以文本内容为基点，将阅读的触角伸向原著。美国一位教育家曾经指出："语文的外延与生活的外延相等。"为此，我们的实验以主题文本为基点，寻找课内外阅读的结合点，加大学生的阅读量，使学生的眼界更开阔，内涵储备更丰富，让学生"得法于课内，得益于课外"。比如，学习《傅雷家书两则》后，我们引导学生走进《傅雷家书》，让他们自主阅读，从这些家书中感受傅雷对祖国、对儿子深厚的爱，领略傅雷在艺术方面的深厚造诣，从中学到做人的道理，提高自己的修养。这样，学生在阅读中开阔了视野，在交流中加深了对文本的理解。

其次，以作者经历为原点，辐射作家的其他作品。作家的经历是丰富多彩的，因而他们的作品展示的大千世界也是千变万化的，可是教材选择的文本仅仅是很少的一部分，如果学生只是了解书本上的作者，那么学生对作者的了解也未免太肤浅了，还容易造成学生对课本内容的理解出现偏颇甚至错误。因而在阅读教学中我们以作者为原点，辐射作家的其他作品。比如，在学习朱自清的《春》《背影》之后，我们带领学生再去阅读他的《生命的价格——七毛钱》《绿》《荷塘月色》等作品，让学生进一步了解朱自清的散文。这样，学生才会在阅读中对作者有全面的了解和深刻的认识，这样就能与作者心灵交汇，产生共鸣。

再次，以文本主题为触点，于比较辨析中求异同。在教学实践中，课题组坚持引导学生在学习中比较，同中求异，异中求同，提高学生的阅读能力、欣赏能力和思维能力，从而进行文化熏陶。如学习《湖心亭看雪》后，我们鼓励学生收集有关写雪的名句，并阅读老舍的《济南的冬天》，进行比较，让学生发现同样是写雪，时代不同，作者的经历不同，观察的角度不同，立意风格就会有所不同。这样比较，让学生在开拓视野、发散思维、激发潜能、生发感悟的过程中感受文学作品的魅力。

最后，以文本留白处为燃点，在补白中深入理解。一篇文质兼美的文章，作者在遣词造句、谋篇布局时常常有意或无意地制造了大量的空白点，给读者留下广阔的思考余地和想象空间。文本所包含的不确定性和留白越多，越能激起读者参与的积极性和创造性，阅读活动也才会成为真正的精神享受。所以，在主题阅读教学实践中，我们充分利用文本中的空白点，有效运用补白策略，引导学生加深对文本的理解和体验。

常用的“补白”方法有：一是补画面。有些文本由于文字表述极为抽象，造成学生对文本认识上的局限和困难，我们就用补图法来让学生直接感知，加深对课文的领会和对作者用词精妙的体会。二是补表演。在教学中，根据内容的需要适时地做些表演，能补救文字教材表达抽象概括性的缺陷，从而加深对课文的理解，完善课文的审美功能。三是补音乐。音乐是最易打动人、激起人感情共鸣的艺术形式之一。我们在阅读教学中常常以音乐引情，引领学生到达那个远离学生生活的时代，通过听觉，促使学生体验相同的情感，形成广阔的想象和深入的理解认识。四是补情境。阅读的“前结构”直接影响阅读的效果，为此我们常常根据课文提供的各种语言意象的暗示和信息，找出共通点，抓住连接点，在学生开始阅读前，用音响、环境、导语等手段创设情境，形成心理定势。五是补细节。在阅读教学中，补细节有利于深化学生对课文主题、人物的理解，也能培养想象能力、创造能力、表达能力和审美能力。如讲《故乡》一文，当讲到中年闰土见到少年时期的好朋友迅哥却叫了声“老爷”时，我们就鼓励学生展开想象，补出闰土此时的心态和“我”痛苦思索的细节。六是补背景。文章是时代的回音壁，是作者人生的记录。由于学生缺乏应有的历史背景和作者情况等方面的知识，又难以从字里行间捕捉到这些信息，因而常常对文中的人和事感到陌生，在领会上产生偏差。鉴于此，我们就适时补充这些知识，使学生正确理解作品的内涵。七是补评判。对于课文中有些人和事，用现代观念看常会产生异议，如“开卷有益”“愚公移山”等，在教学时我们就会组织学生展开讨论，培养他们的辩证思维能力。八是补弦音。课文中常有一些句段写得很含蓄，属于只可意会不可言传的内容，我们就会循循善诱，层层启发，步步深入，让学生展开联想，帮他们挖掘其中的言外深意。

通过补白，学生更好地实现了对文本的理解和接受，开阔了视野，发展了智力和能力。当然，“补白”教法是根据教学内容而定的，教师应把握时机，讲究形式，考虑其“度”，以达到最优化地运用。

(2)活动系列化

一是开展诗歌、散文朗诵比赛，举办演讲比赛，开展阅读竞赛等活动。二是举办读书交流会,交流读书心得。三是举办阅读链接卡展示会,把优秀的阅读链接卡张贴到教室后墙上,供学生交流、欣赏。四是开展重读名著、名著述评等活动。如在组织学生读完《骆驼祥子》之后,用两节课时间让合作小组汇报读书情况,汇报形式可以是口头交流,也可以是朗诵精彩片段,甚至可以用表演形式演绎精彩篇章。通过交流,学生不仅加深了对名著的理解,激发了阅读兴趣,而且锻炼了听说读写、合作探究的能力。五是开展读书笔记展评活动。对于优秀的读书笔记,组织在班级甚至在学校内展览。读书笔记的方式多种多样,有时是好词好句的摘录,有时是文章梗概的记录,有时是对书本的评价。展评的过程本身也是好的积累方式的推广过程。六是开展各类读书征文活动,在阅读的基础上提高学生的写作能力。

(3)评价有效化

一是活动评价。通过营造“书香校园”等系列活动,给学生一个展示阅读成果的机会,让他们将阅读过程中的收获表达出来与大家分享,获得更大的成就感和阅读动力。例如,为了培养“小书迷”,我们建立了班级图书角,每个学生在图书角存入自己看过的书籍,并写下自己存书的理由,谁存的书籍被借阅的人最多,就给予表彰。这样一来,学生看书的热情就被调动起来了。我们还成立了班级阅览室,把学校图书阅览室搬进教室,每班都有图书管理员,学生在校可以随时借书和读书。学生们可随时举行阅读竞赛、读书报告会、辩论会、诗歌朗诵会、互动式经验交流会等等。在互动式经验交流活动中,教师把班级分成若干阅读小组,小组成员交流自己的阅读心得,取长补短,共同进步。同时,我们经常开展表彰活动。课题组借助学校力量定期在学生中评选“经典诗文诵读大王”“阅读小明星”“书香班级”,对获奖学生和班级在全校进行表彰。

二是展示评价。采用成果展示的形式,如编写诗文小报、诗文集锦,进行读书笔记、读书摘记展览,创办墙报等。每学期我们还通过定期举行“诗文朗诵大会”“课外阅读竞赛”等来展示学生的诵读成果。这样一方面可以调动学生读书的兴趣和积极性,一方面起到监督的作用,帮助教师了解学生阅读的情况,检测阅读的效果。

毋庸置疑,任何教育都是有梯度的,所以,我们在实验过程中都是遵循由浅入深、循序渐进的基本原则,由“学法指导”向“学法实践”迁移,引导学生由课内阅读向课外阅读迁移,由阅读向写作迁移,实现阅读迁移的升华。

实验组成员经过调查发现,以作家作品为组合的课内外结合的实验与研究开展后,学生受到文化熏陶的程度大大加深了,研究实践已见成效(见表 2-3)。

表 2-3　实践前后学生接受文化熏陶程度情况对比

你喜欢阅读作家作品吗？（2011 年 12 月）		你喜欢阅读作家作品吗？（2013 年 11 月）	
选项	所占比例	选项	所占比例
喜欢	13.6%	喜欢	61.8%
比较喜欢	46.1%	比较喜欢	30.2%
不喜欢	40.3%	不喜欢	8.0%

（十）“三段式”阅读教学模式下课内外结合的研究成效分析

三年的探索与实践，使学生、老师都受益匪浅，我们自己也获得了大量珍贵的一手资料。课内外结合教学模式的探索与实践让我们体会到了实践的快乐，品尝到了探索的幸福。我们将探索成效作如下分析。

一是增强了学生学习的兴趣，拓宽了学生的知识面；既有效地培养了学生广泛而健康的阅读兴趣，又让学生的阅读方法和阅读习惯都有了较好的优化和提升。

实验组分别在学校各年级实验班和对照班进行了阅读兴趣、阅读习惯、阅读方法的前测、中测、后测。这次调查主要采用学生自我评价，评价的方式分为好、中、差（见表 2-4 和表 2-5）。

表 2-4　初一、初二年级实验班在前测、中测、后测中的阅读情况

	人数	阅读兴趣			阅读习惯			阅读方法		
		好	中	差	好	中	差	好	中	差
前测（2012 年）	256	101	112	43	89	77	90	88	91	77
中测（2013 年）	248	121	93	34	97	86	65	114	103	31
后测（2014 年）	248	146	85	15	103	117	28	126	101	21

表 2-5　初一、初二年级对照班在前测、中测、后测中的阅读情况

	人数	阅读兴趣			阅读习惯			阅读方法		
		好	中	差	好	中	差	好	中	差
前测（2012 年）	256	103	108	45	91	73	92	86	89	81

续表

	人数	阅读兴趣			阅读习惯			阅读方法		
		好	中	差	好	中	差	好	中	差
中测(2013 年)	248	107	94	47	101	78	69	104	98	46
后测(2014 年)	248	110	97	41	101	92	55	110	101	37

根据问卷调查以及对学生平时阅读情况的观察可知,该教学模式培养了学生广泛而健康的阅读兴趣。在实验前测中,实验班级只有 39.45%的学生有好的阅读兴趣,这与对照班的学生基本相近;在中测中,实验班级有好的阅读兴趣的学生达到了 48.79%,比对照班的比例高;从实验的后测数据来看,有着良好的阅读习惯的学生达到了 93.15%,远远高于对照班的 83.47%。从阅读习惯和阅读方法两个方面来看,实验班级的学生在实验后测中也优于对照班学生,这说明课内外结合的教学模式对学生的阅读习惯和阅读方法的培养起到了重要的作用。

二是学生的课外阅读速度、阅读能力等有所提高。

表 2-6 是初一年级实验班级和对照班级在 2012 年、2013 年、2014 年分别进行的阅读能力抽样统计情况。学生三年的阅读能力测试虽然时间跨度大,受教师、学校的学习环境等因素的影响,但从三次抽样检测来看,面对同样的检测试题,实验班级前测的优秀率为 30.18%,与对照班基本相近;到了中测阶段,实验班级的及格率和优秀率提升幅度都比较大,比对照班及格率和优秀率提高了一些。到了后测阶段,实验班级的优秀率超出了对照班十多个百分点。这说明了学生在阅读速度、阅读理解能力、语感等方面都有了显著的提高,极大地开拓了视野。

表 2-6 初一年级实验班级和对照班学生阅读能力抽样统计

	实验班级				对照班级			
	学生数	平均分	及格率	优秀率	学生数	平均分	及格率	优秀率
前测(2012 年)	126	66.67	67.63%	30.18%	126	66.32	69.91%	31.55%
中测(2013 年)	126	78.38	97.63%	81.02%	126	70.37	92.72%	73.74%
后测(2014 年)	126	85.37	98.07%	93.2%	126	77.47	95.83%	80.14%

三是学生写作的知识面得到了拓展，写作能力有所提升。

如表2-7所示，从前测的比较来看，实验班级和对照班级各分数段的人数基本差不多；到了中测阶段，实验班级各分数段的人数略高于对照班级，特别是40分以下的人数减少不少；到了后测阶段，实验班级的作文水平有了很大的提高。虽然这也受到学生素质、授课教师、批卷人等因素的影响，但抛开这些因素，实验班级的作文水平明显高于对照班级。这说明实验班级学生的写作知识面有了一定的拓展，写作的能力和水平有了一定的提高。

表2-7　初一年级实验班和对照班各50名学生三年期末考试中作文成绩对照

班级	人数	2012年(前测)			2013年(中测)			2014年(后测)		
		45分以上	40～45分	40分以下	45分以上	40～45分	40分以下	45分以上	40～45分	40分以下
实验班级	50	0	5	45	5	12	33	10	20	20
对照班级	50	0	4	46	1	6	43	3	11	36

四是搭建了交流平台，促进了教师专业化成长。

实验组成立以来，开展了教师间互动合作交流，利用说课、听课、评课等形式锤炼教师教学技能，如举行校级公开课、课例研讨，由教研室组织教学大比武活动等，由执讲者自述，骨干教师讲评、剖析得失，其他教师共同参与评课。教师通过对比学习、研究思考，生发联想、感悟升华。自推行以来，一大批中青年教师脱颖而出，迅速成长起来。这次语文教学研究促进语文教师主动阅读专业书籍，积极参与科研组的群交流；实验组的许多成员在全国各类刊物上发表文章多篇。

(十一)“三段式”阅读教学模式下课内外结合的讨论与建议

在具体探索实践过程中，课内外结合的阅读教学也暴露了一系列问题：一是理论成果较少。“三段式”阅读教学模式着重解决教师授课过程中的现实问题，促进教师专业发展，用实践检验并完善该理论框架。在实施过程中，学生的课外阅读、方法指导等方面虽做得到位，但在成果形成方面还有待提高。二是该项改革涉及面广，需要查阅的文献、整理的资料、统计的数据太多，因此成果的整理难度较大。实验团队对教育统计学知识掌握不足，数据处理较为简单，在图表的制作上比较单一，形式不够多样。

针对出现的问题，实验组经过研讨，提出如下建议：一是继续学习与此项探索相关的课例、理论等,不断充实实验组成员自身的文化底蕴,带领学生由课内走到课外,从大自然中获得更多的知识。二是继续通过实验的方式探讨研究,积累更多的数据和案例,更深刻地进行反思,形成一定的理论,提升此项成果的推广价值。

三、制定“三段式”阅读教学模式观课量表、观课报告表以及课堂教学评价表

“三段式”阅读教学模式的探索与实践,既需要理论的支撑,更需要课堂教学的具体实践。实验组每一个成员都要有相关的符合阶段探索进度的授课呈现,实验组其他成员都要参与听评课,填写课堂教学评价表。同时,听课者除了根据自己的授课理解进行现场记录以外,还要根据提供的观课点观课(相同的观课点才可以更好地展示出观课者的思考与建议),填写观课量表并形成相应的观课报告进行交流。(见表 2-8、表 2-9 和表 2-10)。这样,大家才可以集思广益,为课堂打磨、实践探索提供更好的资料。

表 2-8 “聚焦个性课堂　打造高效课堂”“三段式”阅读教学观课表

观课点：1.课堂教学内容与教学技巧是否和谐。

2.课堂教学情境与课堂评价是否能在课堂教学中相得益彰。

课题：________________ 执讲人：__________ 观课人：______________

课堂活动设计纪实	教学内容		教学技巧		教学情境		课堂评价	
	关注学情课标	精准性整合性	针对性实效性	灵活性逻辑性	切合教学内容	学生实践体验	针对性延展性	鼓励性实效性

表 2-9 “聚焦个性课堂 打造高效课堂”“三段式”阅读教学观课报告

观课点：1.课堂教学内容与教学技巧是否和谐。

2.课堂教学情境与课堂评价是否能在课堂教学中相得益彰。

课题：________________ 观课人：__________ 执笔：______________

          观课结果分析及教学建议：

表 2-10 “三段式”阅读教学模式课堂教学评价表

	评价要点	评价等级及赋分		
		A	B	C
教学思想 10 分	坚守“三段式”阅读“本色语文”理念，坚守语文课程工具性与人文性辩证统一的特点；培养学生热爱祖国语言文字的情感，“以学定教”，“以学为主”，促进学生自主性、个性化学习；积累语言，科学训练，培养语感，发展思维，传承中华优秀传统文化和社会主义核心价值观，培养学生创新精神和实践能力；以文载道，在语文学习和活动中，合理、恰当、适时进行品德修养和人格养成等方面的教育；“三段式”阅读体现语文单元拓展整合阅读工程特点，拓宽学生阅读视野，能阅读，会阅读，深阅读，提升学生语文素养	10～8 分	7～5 分	≤4 分
教学目标 10 分	预设目标符合课程标准，符合课程内容、文体特点和学生实际；体现“三维”目标要求，准确、恰当，具有层次性和可操作性，并且在教学中落到实处；依据教学内容，培养学生良好的读书习惯，高尚的道德情操，正确的审美观、价值观	10～8 分	7～5 分	≤4 分
教学内容 20 分	学习容量适度，内容的重组、呈现具有科学性、条理性和层次性；依托文本，科学整合或拓展，内容充实，重点、难点的确定及详略安排，符合学生认知水平；无知识性、逻辑性错误；合理挖掘语文课程内容中的德育因素，联系学生实际和社会生活，尊重学科规律，在学科课程活动和教学活动中有机实施德育教育	20～15 分	14～9 分	≤8 分

续表

	评价要点	评价等级及赋分		
		A	B	C
教学过程 20分	过程完整,紧扣目标,依标据本、精讲精练,无形式主义;合理使用现代信息技术手段,体现"互联网+"精神;各环节时间、内容安排合理,符合学生思维特点和身心发展规律;教师启发、引领到位,学生读(背)、写、听、说、思、悟、行(践)等活动扎实有效;重视对文本的阅读、理解、品味和整体把握,感受祖国语言文字之美;合理挖掘语文课程的德育内涵;教师采用多种教学方式和方法,实现学科教学目标	20~15分	14~9分	≤8分
教学效果 20分	完成课堂学习目标,学生有成功、愉悦的情感体验;掌握学科学习方法,养成良好语文学习习惯;学生有充足的阅读实践,在教师引导下能够爱阅读、会阅读,读有所思,读有所得;学习目标达成度高,在教和学的过程中,学生语言能力、思维水平以及其他语文素养得到有效提升;寓德育于知识习得或训练活动中,科学性与思想性相融合,针对性与时效性相结合,落实"立德树人"教育目标	20~15分	14~9分	≤8分
教师素质 10分	语言规范,教态自然,思路清晰,板书工整;有较为开阔的学科视野和一定的人文情怀;有较强的教学组织和课堂应变能力;掌握、运用现代信息技术;体现对学生的关爱、尊重和鼓励,能够用自己的言行和教学行为引领、提升学生的品行或修养	10~8分	7~5分	≤4分
创新教学 10分	教学设计新颖、有特色;采取有效策略,落实"三段式"阅读模式、"单元拓展整合阅读"要求;教学手段丰富,学生学习方式多样,教学效果好;结合学习内容和课堂生成,对学生进行传统美德及社会主义核心价值观教育	10~8分	7~5分	≤4分
整体	满分100分			

第四节 “三段式”阅读教学模式的改革成果及相关分析

一、“三段式”阅读教学模式的实践结论与成果分析

通过对“三段式”阅读教学模式的探索，我们总结出该模式的结构图(见图2-1)。

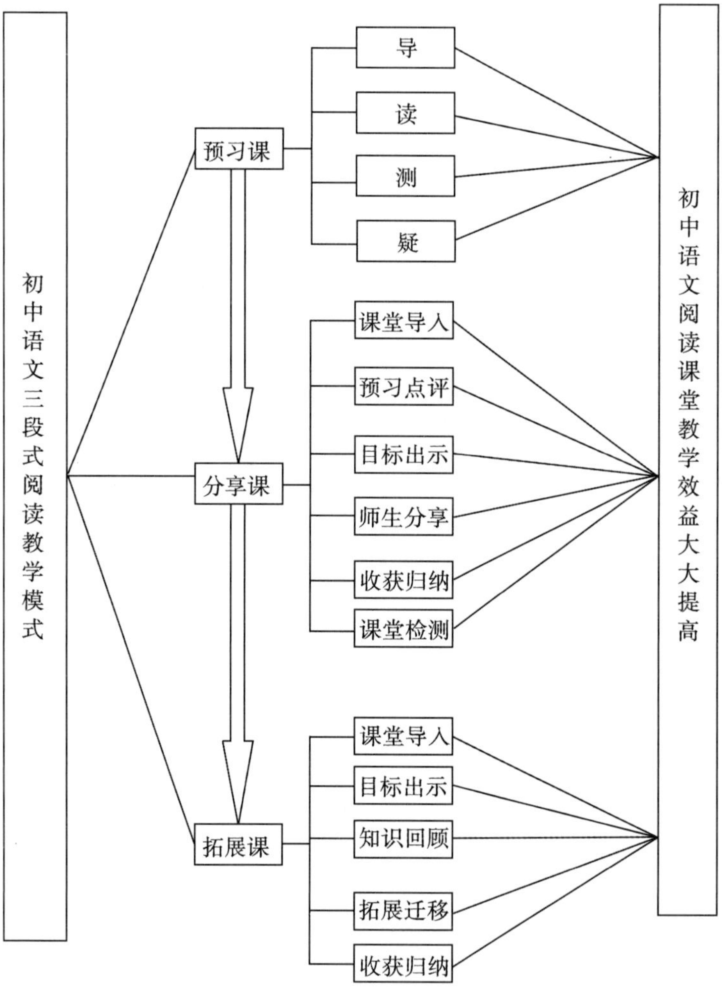

图 2-1 “三段式”阅读教学模式示意图

(一)“三段式”阅读教学模式的实践结论与发现

初中语文“三段式”阅读教学操作模式的探索实践直接影响着语文阅读课堂的教学效率,并凸显着学生在学习中的主体地位、教师在学习中的主导地位。

“三段式”阅读教学模式的确立与实践有效解决了我校语文阅读教学中存在的核心问题,提升了学生的语文阅读能力,在各个阶段性测试中语文阅读成绩均得到相应提高。改革过程扎实,实施方法科学得当,实践成效非常明显,实践成果在相同领域属于领先地位。

经探索实践,我们主要有以下四方面收获:

一是加强了师生情感的交流,缩短了师生间的距离。“三段式”阅读教学课堂上,教师尊重学生的思想,从“师道尊严”的架子中走出来,通过观察、倾听、参与和调控教学,不过多地干扰学生的思维与表述,让学生怀着快乐的情绪自主、合作学习,学生的学习积极性明显提高,课堂学习气氛浓厚。

二是巧妙而有深度的问题设计能更好地激发学生的思维。培养学生的思维习惯,形成思维能力是“三段式”阅读教学的基本要求。“三段式”阅读教学重视让学生的思维活动起来、跳跃起来,选择的“主问题”不仅能体现文本的重难点,而且有思维含量,更从学生的兴趣点切入,以此激活学生的思维,引发学生的积极思考。

三是学生的阅读能力持续提高。从学生阅读能力提高程度调查表可以发现,在前 3 个月学生阅读能力高的占 4%,6 个月后占 26.4%,9 个月后占 36.4%,12 个月后则达到 48.4%(见图 2-2)。

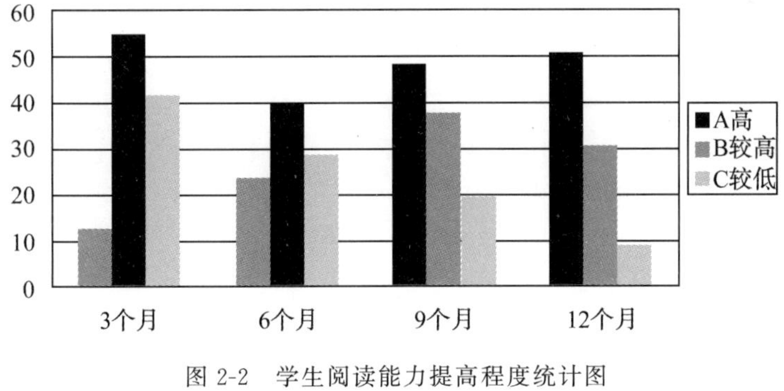

图 2-2 学生阅读能力提高程度统计图

四是学生的参与度是一个需要高度重视的问题。“三段式”阅读教学模式确实能激发学生学习的积极性,体现学生学习的主体地位,但是,学生之间在学习基础、理解能力、自身性格等诸多方面存在一定的差异,总有一部分学生躲在课堂的角落,不能积极主动地参与到学习中来。所以,“三段式”阅读教学虽然调动了学生学习的主动性和积极性，但是仍有不能全员深度参与的问题困扰。

(二)“三段式”阅读教学模式的改革成果分析

经过团队成员的实践探索和共同努力，完成了预定的实践任务，取得了较好的实践成果，探索出了“导、读、测、疑”的预习课教学模式，“课堂导入、预习点评、目标出发、师生分享、收获归纳、课堂检测”的分享课教学模式和“课堂导入、目标出示、知识回顾、拓展迁移、收获归纳”的拓展课教学模式，这种“预习课—分享课—拓展课”的三段式语文阅读教学模式在实践中的运用，改变了以往阅读教学模式中出现的教师教学过程中的一些弊端和学生“学习不主动、过度依赖教师”的状况，极大地促进了我校语文教学教研水平的提升，激发了学生的课堂学习热情，提高了语文课堂教学效率和教学质量。

“三段式”阅读教学模式包括预习课、分享课和拓展课三种课型模式，具体分析如下：

1.预习课的教学模式

“预习课”是指学生在学习一篇新文章时，首先以一节预习课的形式来进行的课堂学习活动。它是以教师精心设计的预习学案为抓手，预先阅读教材，了解有关新知识，并独立地进行思考，探索获取新知识的一种课堂教学活动。

传统的课前预习不受重视且管理粗放，学生在没有实现充分的自主学习的情况下，便开始了“合作探究”和接受式学习。学生预习主要是做导学案中的“自主学习”部分的几个问题，老师在设置这些问题时也存在很大的随意性。学生的课前预习成了做阅读题，掌握的只是局部的知识。这种弊端的直接体现就是学生在分享课中对文本的感知浮在表面，缺乏深刻、独到的思考，以致“先学后教”流于形式。而新课程理念下的预习应是培养学生自主学习的能力，促进学生的全面发展，让学生适应未来的学习和生活，努力体现语文课程的总体目标。

如何解决预习效率低的问题？实验组建构出新的语文阅读教学模式也就是预习课的阅读教学模式(见图 2-3)，以提升学生的语文自主阅读能力。

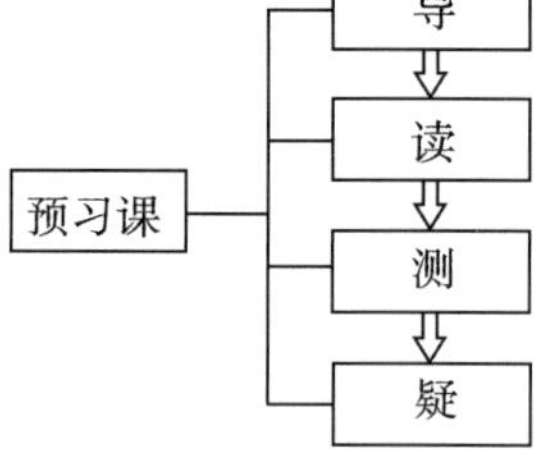

图 2-3　预习课板块示意图

一是培养学生的自学能力。高效的预习不是简单的通读和浏览课文,而是一种复杂的智力活动。它通过调动学生已有的知识储备和自学能力,感知新的文章,开展观察、识记、联想、想象、辨析、比较、综合等一系列智力活动,进一步锻炼自己分析问题、解决问题的能力。高效预习是在教师的指导下,学生科学地利用各种学习条件和途径,有目的、有计划地、独立主动地学习新知识的过程,这个过程可有效地培养学生的自学能力。

二是提高学生的听课效率。学生在预习时会有不懂的内容,这属于正常现象。课本中看不懂的地方,往往就是教材的重点、难点,或学生学习中的薄弱环节。弄懂这些不明白的地方,恰好是学习深入的关键所在。学生预习时可以把这些看不懂的地方记下来,上课时特别注意听老师是怎么解决这个问题的。这样,听课的目的非常明确,态度积极,注意力也容易集中,听课效率肯定会提高。

三是培养学生的质疑能力。预习,让学生思维的触角伸向新知识的重难点和疑点,伸向知识的深处,逐步学会思考和发问,激发求知欲。经过预习,学生在分享课上更能提出问题,更能听取别人的意见,更能积极发表自己的见解,更能热烈地进行争论,也更能锻炼自己的观察能力、思维能力、表达能力和解决问题的能力,最终培养追求真理、不轻信盲从的好品质。

第一环节:导

预习课中的“导”不是教师上课时的导入新课,而是在学生预习时、正式走进文本之前,为了能够引导学生更好地理解文本,更为准确地把握文章的情感和主题,而设计的一个环节。我们主要从以下两个方面展开:

一是引导学生了解文章作者及写作背景。

学生每接触到新的课文,往往对新课文的作者及写作背景感到陌生而好奇。因此,预习时教师会引导学生通过阅读课文下的注释去了解作者,或者参考预习学案上的资料补充。而大多数课文没有介绍写作背景,教师就在预习学案上出示这些材料,提醒学生阅读。

对课文作者与写作背景的深入了解,不但不会影响课堂教学的进度,相反,适时适当的呈现还可以让学生更容易走近作者,走进时代,跨越时空,与诗文名家形成情感上的共鸣,能够更深切地感悟文章内容。

二是引导学生了解文章文体。

文体是阅读教学的一个关键抓手,阅读教学只有利用好这个抓手,才能帮学生抓住重点,深入文本。在学生预习记叙类文章时,就引导学生了解记叙文的文体特点(六要素),着重引导学生关注要素的交代、欣赏过程的描写、品味细节的刻画等;在学生预习说明类的文章时,就扣住说明文的文体特点,着重引导学生了解说明对象的特征、说明的顺序、说明的办法等;在学生预习议论类的文章时，就扣住议论文的文体特点（三要素），着重引导学生了解文章所阐述的论点、了解证明观点所用的论据、掌握用论据证明论点的办法等。在学生预习散文类的文章时，则扣住散文的文体特点（一般认为是“形散神不散”），引导学生了解其丰富的联想、自由的取材，品味其含蓄的语言、形象的表达，领会其“不散”的中心、含蓄的主旨等；在学生预习诗歌类的文章时，就扣住诗歌的文体特点，引导学生了解意象，通过了解意象去把握意境、把握主旨等；在学生预习小说类的文章时，则扣住小说的文体特点（三要素），引导学生把握人物形象、了解故事情节、欣赏环境描写等。

预习课中的“导”虽然不是预习教学中的主要环节，却是帮助学生理解和认识文章的前提，可以解除学生的阅读障碍，体会文章的情感，作出知人论世的评价，品味语言的精妙，获得阅读的乐趣，预习能力也就会相应提高。

第二环节：读

“读”是指学生在预习课上通过反复读课文，从而更深入地理解文本，更为准确地把握文章的情感和主题而设计的环节。后面环节都是在此环节基础上进行的，是整个预习课的核心环节。本环节放在“导”后面，是预习课堂操作模式的第二环节（见图 2-4）。

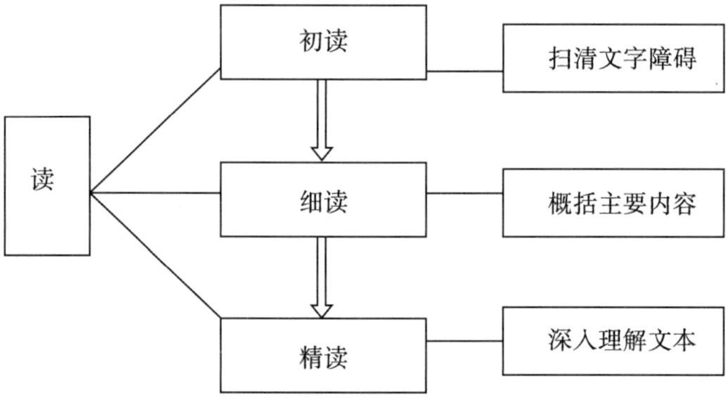

图 2-4 “读”操作过程示意图

“读”分以下三步进行：

第一步：初读——扫清文字障碍。

要求学生大声朗读课文，至少读两遍，将课文完全读完。其具体要求如下：一是读准字音，读通课文；二是能联系上下文或查阅工具书，了解词语的意思；三是能在通读课文的基础上整体感知课文，初步了解课文的主要内容。

第二步：细读——概括主要内容。

要求学生选择自己喜欢的阅读方式仔细阅读，将文章读顺、读懂。主要内

容是一篇文章的浓缩,学生在阅读文章时,抓住主要内容,才能知道文章究竟讲什么。具体可采用以下方法:

方法一:段意合并法。

段落大意概括了一段的主要内容。把每段大意综合起来,加以概括,就是整篇文章的主要内容。这是最常用的方法。用这种方法要注意两点:①各段大意之间,有的要加上一些过渡词语,以便读起来通顺连贯。②要区分重点段落和非重点段落,做到有详有略,适当进行取舍。

方法二:要素串连法。

写人、写事的文章通常都有时间、地点、人物、事件起因、经过、结果等六大基本因素,抓住这些要素就已经提取了一些关键词。因此,概括这些文章的主要内容时,我们就只要把这几个要素弄清了,用词语串连起来,就是这篇文章的主要内容。

方法三:问题概括法。

作者写一篇文章,往往是围绕一个中心、抓住几个问题、按一定的顺序写的。读写一篇文章,我们可想一想,作者所要说明的是哪几个问题?如果我们抓住这些主要问题,再以简洁的语言逐一作出回答,最后把答案整理概括起来,也就是文章的主要内容,这就是“问题概括法”。

方法四:标题扩充法。

题目是文章的眼睛,透过题目我们往往能捕捉到很多课文信息,而且不少课文题目就是文章内容的高度概括,学会分析标题,也就悟到了“概括”与“具体”之间的关系,如有的标题提示了主要人物,有的提示主要事件,有的提示主要对象,归纳这类文章的主要内容,我们就可以运用借助标题进行扩充的方法。

运用这种方法概括时,我们第一步是引导学生抓住标题、围绕标题进行提问;第二步是选取标题中缺少的那几个元素的关键问题;第三步是在课文中找到这些关键问题的答案,最后将标题加以完善、补充完整。

当然,概括文章主要内容的方法还有很多,不论运用哪种方法,我们都必须认真阅读文章,分析理解,先提取关键词语,再概括段落大意,最后准确简洁地概括文章主要内容的基本三步骤,这也是概括文章主要内容的基本要求。同时,同一篇文章所用的方法也是多样的,有时一种、有时几种交织在一起,各种方法并不是孤立的,而要互相结合,举一反三,灵活运用,这样才能更容易更准确地概括文章的主要内容。

第三步:精读——深入理解文本。

要求学生跳读课文,在理解文意的基础上完成对文意的深度理解。具体可从以下几个方面展开:

①抓住中心句，深入理解课文内容。阅读教学中抓住中心句的教学，能有效地帮助学生把握课文的脉络，准确、深入地理解整篇课文的内容。②抓住含义深刻的句子，深入理解课文内容。引导学生理解含义深刻的句子，我们会教给他们理解句子的方法，教会他们联系上下文、联系生活实际，联系文章的时代背景及作者当时的思想感情等来理解句子。③抓住过渡句，深入理解课文内容。先让学生明白过渡句是一种常见的句式，它在两个内容的接驳处之中，起到承上启下的作用，它的前半部分总结上一段的意思，后半部分总领下一段的意思。它同时是文章思路发展变化的一个重要标志。然后选择一些实例教给学生判断过渡句的方法。

总之要鼓励学生带着问题读课文，理解句子的深刻含义；抓住关键词语，用圈划批注的方法深入领会课文的中心思想，体会文章的写作特点。具体要求是在所摘抄的句子上圈出关键词语，进行批注，写出自己的理解。同时将其他疑问或对课文后的思考题进行的思考都记录下来。

当然，考虑到文体不同，预习步骤也应略有不同。例如，名家名篇要求增加作者和写作背景资料的收集（多数在预习学案上出现）；古诗古文则要求了解诗人的风格、时代及有关著名诗句；一般写事类的文章，则要理清事情的起因、经过、结果；状物抒情类的文章，则要了解作者是从哪几个方面进行描述的，初步体会文章抒发的情感。

第三环节：测

预习检测是在学生的预习临近结束时，对学生当堂预习效果的一个测试，主要检测学生对于当堂预习内容的掌握情况。既有利于学生对自己的预习做一个简单的评估，查漏补缺，又能让教师明确本节课的预习内容设计是否符合学生的学习要求、学生对预习内容的掌握情况如何、哪些地方还存在问题等等。

检测内容可以是对作者的相关信息、生字的音形、词语的理解、文体的知识点进行检测，也可以是对文本的大致理解进行检测。检测的目的是检验学生的预习效果。

第四环节：疑

我们要求学生完成自主预习后，必须针对文意提出自己疑惑的问题，或者是文意理解，或者是写作手法等等，都写在预习学案“质疑平台”中。教师将预习学案中学生提出的问题进行分类汇总，作为确立“分享课堂”教学目标、进行课堂教学设计的重要依据。学生提出问题需要多角度地进行，既鼓励创造性思维，又反对价值低、无边际的质疑。这一过程需要教师的不断引导，教师可给学生提供几个质疑角度，以引领学生的思维；也可通过比较什么样的问题提得好、提得有意义，让学生体会提出问题的方法，逐渐培养学生提出问题的能力。

常用的质疑方法有：

一是从文本的矛盾处质疑。矛盾是问题产生的根源，从文本的矛盾处入手质疑是最常用的方法。主要包括：①从文本前后内容矛盾处质疑。文本的前后矛盾现象，一般都是作者有意安排的，皆有其特殊用意，教师需引导学生质疑。一般而言，作者为了要引起读者的注意，让读者在紧要的地方停住日光，迫使读者投入思考，就可能会在紧要处制造一些矛盾，形成强烈的反差来刺激读者。这些质疑往往指向文章的主旨所在，具有研究探讨的价值，对学生理解鉴赏作品的内涵有很大帮助。②从文本内容与形式之间的矛盾处质疑。一般情况下，文章的内容与形式应该是和谐的统一体。但作者为了要更好地表现其文章的主旨，可能故意使文章的内容与形式产生一种不和谐，以引起读者的思考。因此在阅读过程中，读者也许就会发现有些文章的内容与形式之间存在着互为矛盾的现象。找出这些矛盾之处，多问几个“为什么”，往往能够迅速穿透文章的表现形式而直达主题。③从文本与生活的矛盾处质疑。文章是反映生活的，作者总是以生活中的事物作为载体，表达自己对客观世界的认知，以客观反映主观，从物质层面到精神层面，从具象到抽象，作品往往映射出作者所处时代的政治、经济、科技、文化以及社会状况。文本与生活常理产生矛盾处，就是我们应该注意的地方。

二是从文本看似无矛盾处质疑。我们提倡教师引导学生在无疑处生出疑来，在学生不易察觉到某些语句中的深刻意蕴时，教师以问引问，就使学生进入一种疑难情境，使得学生必须集中精力，调动他们所有的知识储备和潜能来分析问题。在阅读的时候，读者有时会发现一些看来很平常的语句，似乎是可有可无的闲笔，其实这些句子往往是作者精心安排的，有着耐人寻味的含义，此时教师就可引导学生关注。

三是从文本语言形式的变化处质疑。有时候文本前后会经常出现一些基本相同的语句，而相同之中常常会有一些变化，有时甚至是很细微的，这些地方往往就是质疑的最佳人手处，学生就有可能借此直达主题。文本形式的变化，肯定会带来文本意义的改变，于是探究作者有意变化背后的意图，就成了学生必须要认真对待的重要工作。

四是从反复出现的词句中质疑。文章中相同的词语或句子反复出现，肯定有作者的用意。学生如果从课文里反复出现的“关键词”中抓到了作者意欲透露的信息，就会触及作者的本意。质疑就是教给学生学会钻研课文的方法，使他们有意识地灵活运用已有的知识去努力理解新的、还不能充分理解的课文。学生学会了质疑，就为达到“教是为了不教”的理想教学境界开辟了道路、提供了可能。

除了上面诸多方法外，其实还有很多，只要运用恰当，定会收到好的效果。

经过一系列的探索与实践，实验组通过对初一年级与初二年级的调查发现，预习模式实践后学生的预习习惯、预习能力已初步形成，成绩远远高于“三段式”阅读教学模式改革以前，表 2-11 的数据表明此项实践已见成效。

表 2-11　初一年级与初二年级课题研究前后预习情况对比表

		预习准确率高	预习准确率较高	预习准确率低	查工具书资料	做笔记	质疑问难
初一年级	前	12%	39%	49%	41%	7%	18%
	后	86%	14%	0	100%	86%	76%
初二年级	前	13%	41%	46%	33%	2%	11%
	后	33%	48%	20%	43%	11%	17%

预习课堂对于提高学生自主学习的积极性、提高学生的课堂效率、养成良好的质疑习惯有很大的成效，但在实施过程中应该让学生主动投入到自主预习中，让学生在无干扰地感知文本的基础上，以预习学案为依托，并根据预习学案的方法指导进行自主学习，完成预习目标，才是预习课堂的初衷。

2.分享课的教学模式

“分享课”是“三段式”课堂教学模式的第二环节，是指学生在预习课进行自主学习的基础上，由教师或学生主导，进行师生之间、生生之间交流分享的课堂教学活动。

在传统的语文阅读教学中，学生处于被动学习的地位。“满堂灌”的课堂大行其道，用老师的“讲”代替学生的“读”，碎问碎答现象严重，只重预设，忽略生成；学生的学习主体地位不够明显，自主想法得不到充分展示，对语文学习积极性不高；文本与学生之间呈现的是一种单向的传导接受关系。而新课标指出：阅读教学是学生、教师、文本之间的对话的过程。也就是说，课堂上学生与文本的交流应该是双向的、互动的。

针对当前初中语文阅读教学中教师讲得太多，而学生陷于被动学习的现状，实验组在预习课的基础上，建构新的语文阅读教学模式也就是分享课的阅读教学模式，以提升学生的语文阅读能力。初中语文阅读分享课要达到“学为主体，教为主导”的目的，真正实现有效教学，重在培养学生的核心阅读能力（见图 2-5）。

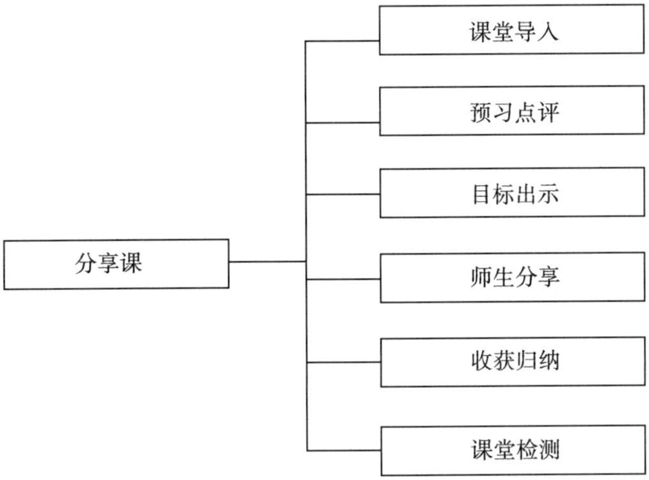

图 2-5 分享课板块示意图

一是培养学生自主提出问题的能力。首先是“敢问”。创设良好轻松的课堂氛围,同时,尊重学生的意见,热情鼓励、积极启发引导学生,防止学生产生紧张、局促不安的心态,让每个学生都“敢问”。其次是“乐问”。给学生充足的提问空间,让学生有充足的时间和机会发表自己的意见。同时,教师捕捉学生星星点点的智慧火花,不失时机地给予积极评价,让学生获得成功的体验,感受到思维劳动本身的乐趣,在一种愉悦的心理体验中实现“乐问”;最后是“学问”。更多的学生由于思维能力的局限对疑难问题并未意识到而出现提不出问题的现象,或者在阅读过程中遇到不懂或者难懂的问题而不知如何提问。这时教师就根据学生的实际水平和教材的特点,精心设计自己的提问进行示范,提示思路和方法在阅读指导中加以引导,使学生受到启迪,感到有法可循,这样让每个学生都学会提问。

二是培养学生独立思考的能力。为了让学生“生活在思考的世界里”,可给学生提供适量的思考依据,预留充裕的思考时间,或给学生交流展示的机会等等。这样引导学生积极参与教学过程,充分发挥其主体作用,通过从仔细观察中发现问题、提出问题,进而独立思考,形成自己的思想和认识,最终找到解决问题的答案,亲身感受到独立思考的乐趣,进而培养独立思考的能力。

三是培养学生合作探究的学习能力。培养学生合作探究的学习能力,常用“小组合作”的学习方式,将学习任务平均分配到小组内,一般每组只完成其中一项教学安排。这种教学安排只是适用于课堂学习任务较多、学生难以完成所有学习任务的情况,而大多数情况下,还是要求各个小组都要完成学习任务,然后进行分享交流。这样会极大地激发学生的学习兴趣，促进学生主动发展，学会团队合作，提高合作探究的学习能力。

第一步：课堂导入

教师在讲课之前，可根据学生的预习情况，围绕教学目标而精心设计的一段简练的引导学生顺利投入学习的教学导语，短则一两分钟，长也不过五六分钟。

导语的设计以联系学生的学习实际为基础，从课型的需要、教学内容的特点入手，遵循直接、新颖、有趣的原则，承担着温故而知新、架桥铺路，或者前后照应、承上启下的作用。我们常常这样导入：

(1)想象导入

想象导入是指教师对课文中已经出现的场面、人物、对话、行为、景物等进行合情合理的想象，揣测有可能出现的情景，从而让学生对课文的主旨、人物的形象等有关方面有更为深刻的了解，从中领会到作家布局的匠心独运、语言的流畅优美、取材的新颖鲜活和思想的深邃精辟。

这种导入一般由教师提前设计，但有时根据文本的难易程度也可以让学生在某个环节进行一番想象，然后教师引导学生带着自己的想象走进文本，去发现想象与文本间的距离，这样学生探究的兴趣会很大，学习热情会很高涨。

需要注意的是，尽管是想象，但是也要与文本有本质的联系，能起到激发学生学习兴趣、引导学生顺利走进文本的作用。

(2)故事导入

教师有针对性地选取寓意深刻、幽默轻松的故事，用讲故事的方法导课，通过语言铺陈渲染，绘声绘色，吸引学生注意力。用于导入的故事不宜长，寥寥数语吸引学生走进文本、点燃探究的星星之火即可。

这种导入方法常常适用于人物传记类或者科普类小品，一般都是教师提前准备好与文本内容相关联的故事，上课伊始讲给学生听；有时是教师确定好范围及主题，让学生通过网络或纸媒进行故事搜集，然后在上课时选择一个学生交流导入，针对学生讲的故事，教师在评价的基础上引导学生开启对文本的探究之门。没有交流的同学，可以课下在小组内交流准备的故事。

故事导入容易将学生的学习动机激发起来，积极地投入到对问题的探索中去，但要注意：故事的内容与文本目标或课题要紧密相关，做到贴切、典型。

(3)创设情境导入

创设情境导入指的是在引入新课时，教师从教学需要出发，创设与教学内容相适应的具体场景或氛围，引起学生的情感体验，激发学生主动学习的兴趣。

常用的创设情境方法有：情感渲染法、媒体介引法、即兴应变法。

情感渲染法重在感染,以情动人,利用感情共鸣的心理机制,与文本中的事和物息息相通,最后通过道德和情感的融合所产生的内驱力来达到教学目的。这种方式往往适用于优美动情的散文或诗歌,特别是一些情感波动比较大的文章,教师运用声情并茂、形象生动的语言,创设情感体验,产生感情共鸣,使学生睹其景、感其情。

媒体介引法就是教师在导入时运用现代信息技术把学生带入文本描绘的情境,使学生的视觉、听觉和思维联合投入,激发学生的观察力和想象力,促进对知识的理解与巩固,以取得比较满意的教学效果。这种方法常用于说明文或者故事性很强的文章,这样可以非常直观地直接带领学生走进文本,但是要注意,选择的资源和内容一定要与文本紧密联系,这样才可以顺利引领学生解读文本。

即兴应变法就是教师针对学生的不同表现,灵活巧妙地抓住偶发事件有利的一面,借题发挥,即兴创设情境,因势利导地组织好教学。这种方法一般用于生活性很强的文章,因为接近生活,学生的认知也就非常真实,利用这种真实带领学生浓缩生活又走进生活,学生认同会比较快。当然,这种方法对于教师的思维能力、知识储备是一个挑战。

(4)趣味导入

趣味导入是用诙谐、风趣、幽默的语言进行的导入。设计趣味导入语时,可用谐音或某些词的联想意义来设计,也可用歇后语、对联、小笑话、小幽默等来设计。使用这种导语既能活跃课堂气氛,又能迅速抓住学生的心,吸引学生学习新内容,并能在趣味中引导学生抓住学习重点,真正做到寓教于乐。

当然,这种导入方法还需配以适当的表情,才可以吸引学生的注意力,真正发挥趣味导入的作用。

除此之外,还有在教学过程中专门为一篇课文的关键点设置,用教师不立即给出答案的设问构成的激疑导入;从学生的实际情况入手来设计的实际导入;先讲述学生熟悉的与所学内容相关的事件或特征相似的人物,然后引出新内容,两者形成同类比的类比导入等等。无论采用哪种方式导入新课,都需要充分考虑到学生的年龄特征和心理特点,并结合所学语言材料的内容、特点,使新课导入既趣味盎然又富有实效。

课堂导入虽然不是教学的主要环节,但却是讲好一堂课的重要前提之一,会让学生的主体作用在导入过程中得以强化,学习效果更容易显现,学习能力也会相应提高。

第二步:预习点评

预习点评是对预习情况的一个小结,其依据是预习导纲的完成情况,此环节放在导入后面，是分享课堂操作模式的第二步。

预习点评的内容包括以下三个方面：

一是预习评价。教师指出预习认真的同学(或小组)、需要努力的同学(或小组)。这个环节主要是表扬预习认真、正确率高的同学，提醒鼓励需要认真努力的同学，以备在以后的阅读中能扬长避短，更好地完成预习任务，学会主动有效地阅读。

二是明确问题。从学生的书写是否认真规范、审题是否仔细严密、阅读解题是否深入透彻等方面观察学生预习中存在的问题，将典型问题罗列在课件中或者口头表述出来，其目的是让学生明确出错较多的知识点和预习中存在的问题，以备在后面学习的环节中能有的放矢，教师也可更有针对性地答疑解惑。

三是预习检测。预习检测比较简单，一般侧重于对字词文学常识、相关的知识链接等基础知识的识记与掌握，或者对文本的整体把握等等。对题目类型适当变化，重在检测掌握以及运用情况，比如对词语解释的检测，可以直接让学生解释词语。如果加深一点难度，就是看学生对这些词语在理解的基础上是否会准确运用，可让学生选择用词语说话，只要学生会用了、用对了，就是对词语的理解准确，因为本来解释词语的主要目的就是看学生是否会准确运用。文章的整体把握，属于整体感知之列，为下面知识分享做铺垫，这往往是一个引导进入分享的切入点，所以这样的检测对学生后面的学习将起到一个牵引的作用，让学生会自然而然地带着预习成果走进知识分享的过程。检测的方式因题而异，或者是学生口头回答，或者是学生板演，或者是学生书面演示。

这个环节的利用，不仅仅是为了考查学生预习目标的达成情况，更是为教师后面的教学提供依据，完善教学过程，从而有效促进学生的发展。

第三步：目标出示

学习目标是课堂学习的出发点和归宿，直接影响到整个课堂学习的走向，是所有课堂学习活动的终极追求。教学目标看似简单，寥寥数语，但是却凝聚着教师的教学智慧，体现出对课程的理解、教材的把握和对学生的了解。

分享课的学习目标是在预习课的基础上进行学习、掌握以及运用，分为知识与能力、过程与方法、情感态度与价值观三个方面。分享课力求从学生对知识的需求出发，充分体现文本特点，语言表述清楚精练；学习内容明确具体，适用有效，重难点突出；三维目标层次清楚有序。教师在分享伊始就出示学习目标，可给学生一个方向性的引领，让他们明确本节课的任务并为之努力。

目标的出示方式以及出示时间根据讲课的需要而确定。预习点评环节结束后，针对学生预习过程中出现的典型问题或者质疑平台中疑惑最集中的地方，目标设定应适当有所侧重。所以，分享课堂的最终目标是教师预设与学生预习疑问相结合的产物。常用的出示方式有三种：

一是课件出示。在预习点评环节后，顺理成章地用课件出示目标，可以是教师口头表述，也可请个别学生朗读或集体朗读。这样的出示方式比较直观，利于学生明确目标、加深印象。

二是教师表述。根据讲课的需要，教师可以在预习点评后口头直接表述本节课的学习目标，这样比较简洁直接，但是注意力不够集中或者听力不是很好的学生往往会忽略目标的部分内容，对学习目标的把握不够全面、具体。

三是学生预设。让学生根据自己的预习情况预设本节课的学习目标，这种预设主要来自学生预习中产生的疑惑，很有实践性，可反映学生的疑问，也切合学生的希望所在，而且能充分锻炼学生思考的能力、语言表达的能力，但弊端是学生往往只从自身的预习疑问出发，预设的目标不一定能涵盖所有同学急需解决的问题。对此，常用的解决办法是选择不同层次的同学在班上交流自己的目标预设，教师补充取舍后达成一致，确定本节课学习目标；或者学生在小组内简单交流一下，然后各个小组代表分别在班上交流，教师适当补充提醒，最后大家达成共识，共同确立学习目标。

第四步：师生分享

"师生分享"是一种以学生为主体，以教师为主导，通过师生、生生对话交流预习所得、解决疑惑的一种共享(见图 2-6)。分享课的核心是"师生分享"，却绝不是对预习学案中设置问题的答案讲解，而是教师通过批阅预习学案，了解学生的思维状态，了解学生学情，在此基础上，通过设计巧妙的课堂活动来引导学生对预习进行展示，师生分享各自阅读体会，从而实现"知识共享"。

这个环节的思路是教师先确立"主问题"，然后就着"主问题"进行师生、生生对话交流，在交流过程中同时进行生生、师生评价，达到师生知识上的融会、思想上的提升、情感上的共鸣。

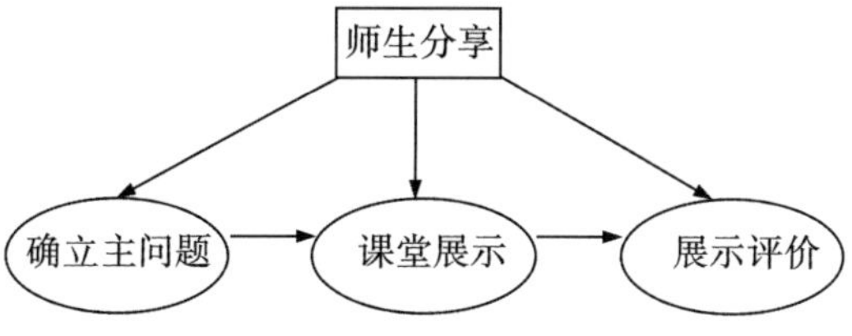

图 2-6 "师生分享"过程图

在师生分享环节，为避免教师将预习导纲中的题目一一列出答案、将课堂变成机械的讲题过程，同时为避免碎问碎答，失去应有的"语文味"，于是我们采用"主问题"教学法，重新设计分享流程，将预习导纲上的主要问题(主要是关乎学习重难点的问题)以及针对学习目标进行深入探讨的问题、学生在预习导纲中质疑较多的问题,通过“主问题”串联在一起,展开对文本的解读,从而完成本节课的学习目标。

主要操作过程如下:

(1)确立“主问题”。语文阅读教学中的“主问题”,指的是对课文阅读能起到“牵一发而动全身”作用的重要的提问、问题、话题、任务、活动。“主问题”是从课文中提炼出来而又能让学生深入课文中去的大“问题”,在课堂教学中,能够让学生以探求的眼光进入课文的每一个角落,从而达到引导学生细细思考、深刻探究的目的;而这些又始终围绕着某条主线进行,这就是“主问题”的“凝聚力”和“支撑力”。在一个“主问题”下,往往会有几个相互关联的层层深入的小问题带领学生完成学习目标(见图 2-7)。

“主问题”的确立,是教师根据学习目标和教学内容从自选角度进行的自创,常用的确立“主问题”的方法有:

①从课文的标题入手设计“主问题”。课题是文章内容的概括与提示,抓住课题设计“主问题”是常用的方法。比如可以这样设计:“你从标题中读到了什么?”“标题给我们提供了哪些信息?”“这个标题可不可以换成另一个标题?”“你觉得这个标题好吗?能说说你的理由吗?”等等,这样围绕标题设计“主问题”可帮助学生养成阅读先看题的习惯,自然就可带着问题走进阅读。

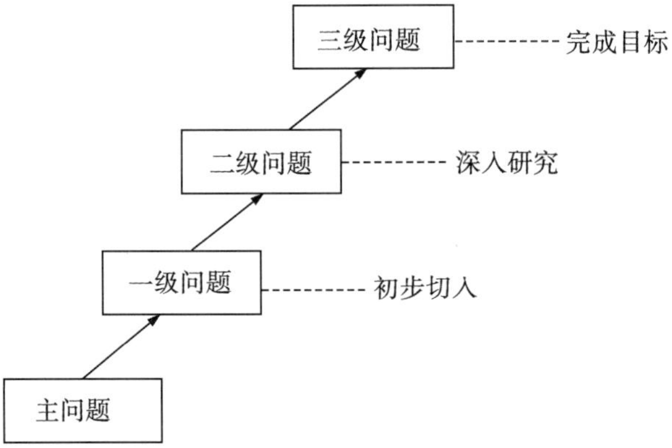

图 2-7 “主问题”教学思路

②从文章的主旨入手设计“主问题”。围绕主旨确立“主问题”也是常用方法之一,对一篇文章主旨的理解是必需的,比如人物类或事物类的文章,大多是表现人物性格特点或事物特性成因的,从这个角度入手,学生很容易进入对人物或事物的特点理解中。可以这样设计“主问题”:“文章中哪个地方最让你感动?为什

么?”“你喜欢这个人物吗? 请结合文章内容说说你的理由”“你觉得文章中哪句话最能表达作者的心声? 能谈谈你的理由吗?”等等。这样提问可以让学生从对课文内容的感知到理解,到对作者情感的体会,到对文本写法上的收获,到对语言的品味等等,都可以一一牵起来。

③从关键词入手设计“主问题”。这个关键词主要是能帮助学生理解作者写作意图的词,找到这个词所在的句子后,教师可以提问“说说你是如何理解这个词的。”“你觉得这个词可不可以换成另一个词?”“这个词可不可以去掉? 它有什么好处?”诸如此类的提问就能引导学生深入思考,从而更好地领悟作者的思想情感,把握文章的主旨。

④从关键句入手设计“主问题”。这种设计方法同找关键词差不多,只是这个句子一定是关乎主旨的句子。比如可以这样设计:“你怎样理解这句话?”“这个句子的说法看起来很矛盾,你能用文中内容说说你的理解吗?”“你觉得这句话饱含了作者怎样的情感?”这样一步步追问,就引导学生从关键句走进对文本的理解。

⑤从学生预习中的质疑设计“主问题”。学生在预习课上的质疑,非常期望在分享课中得到解决。但是学生的问题往往分为两类:重要的和不重要的(表层的、简单的、和容易解决的)。教师可将一个个问题梳理成一至两个有价值的问题作为“主问题”,围绕“主问题”展开学习、讨论,这样在课堂开放的同时又很好地进行课堂集中。

⑥由文章内在线索设计“主问题”。抓住文章的行文线索,常能达到创新教学的目的。可以这样设计:“请找出文中人物心理(或情感)变化的语句,并说说他心理(或情感)变化的原因是什么?”“文章为什么要写这个人物(或物品、特征)?”这样抓住一根主线,不仅触摸到作者的思路,更能让学生轻松地求知。

除上述方法外,还可以由插图或增添的图片设计“主问题”;从文章的构思特点或结构脉络入手设计“主问题”;从事件的发展变化和人、事、理之间的关系入手设计“主问题”;从写作手法入手设计“主问题”等。虽然设计“主问题”的角度很多,但都要根据文本特点和学生的年龄段来进行设计,遵循的原则首先是明确性和针对性,其次还有循序渐进的原则、类型多样化原则、突破重点原则、趣味性原则、价值性原则、探究性原则以及开放性原则等等。

当然,“主问题”并不是一定要提问,是可以安排话题的,“主问题”的角度都是美好的、适用的,其着眼点就是在阅读过程中用尽可能少的关键性的提问或者问题引发学生对课文内容更集中、更深入地阅读思考和讨论探究。在教学中能表现出“妙在这一问”的教学创意,每一个“主问题”都能覆盖多个细碎问题,它成功地不再让学生立即说“是”还是“否”,成功地让学生安静地思考。切忌随便选择一个问题，走上碎问碎答的旧路。

(2)课堂展示。“主问题”确立后，就是教师利用“主问题”引导学生进行课堂展示环节，这是“课堂分享”的重要环节，也是充分体现学生主体地位的环节。当教师把设计好的“主问题”抛出后，师生、生生就着这个“主问题”展开交流，并着重体现学生的自主思考和合作探究的主体地位。常用的展示方式有两种：学生自主回答和小组交流讨论。

①学生自主回答。学生的自主回答，就是在教师提出“主问题”之后，学生有一定的时间进行自主思考，然后主动或是被老师点名在班上交流自己的思考结果。交流的学生采用什么样的表述方式，因人而异，常用的表述方式是这样的：现在我来交流我的发现——这就是我的发现，请问大家有什么补充或质疑——综合刚才同学的补充，我来总结一下——谢谢各位同学的帮助，我的交流完毕。

每一个有交流想法的同学这个时候就是课堂的主宰者，可以就着自己的思考与同学进行充分的交流，进行思维碰撞(见图 2-8)。这个过程既在学生自行交流的同时深入解读了文本，也锻炼了学生的表述和交流能力，让学生在自创的轻松氛围中生成问题并解决问题。教师的主导作用也在这个过程中得到体现，当学生的交流失之偏颇或者无法进行时，教师应适时给予适当点拨、引导，学生就此便可顺利完成交流。然后，教师顺着学生的交流思路，再围绕“主问题”提出一个更深入引导的问题，带领学生再一次点燃交流的热情，在领悟、交流、生成、探讨、理解、认同的过程中完成学习目标。

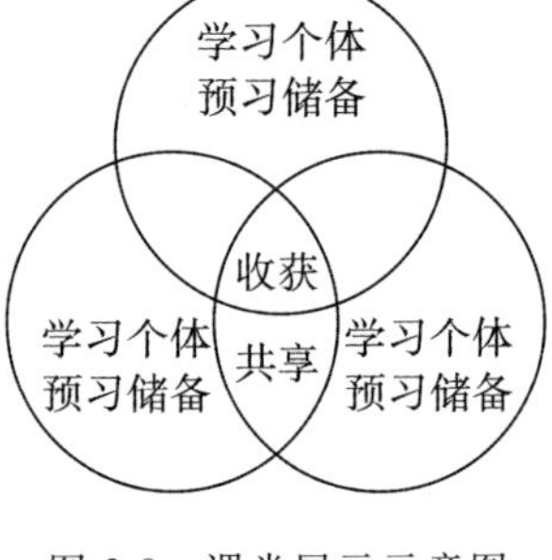

图 2-8　课堂展示示意图

②组内学习交流。小组内学习交流，是把任务分给每个小组，任务艰巨时不同的小组分担不同的交流任务，大部分情况下是每个小组都有相同的学习任务，在小组内进行独立思考后由组长带领组员进行信息汇总(副组长协助)，汇总的问题由记录员做好记录，然后大家对这些思考进行一一筛选，留下有价值的思考后交给交流员，交流员负责做好准备在班上交流本组共同的思考，接受

师生的评价反馈。其间,本组评分员根据各组员的表现情况随时进行分数评价,监督员随时督促学习不够主动的同学积极投入到学习中(见图 2-9)。

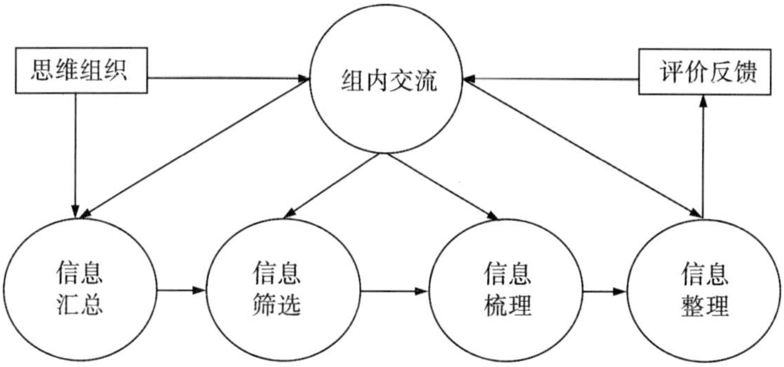

图 2-9 组内学习交流示意图

交流过程与学生自主回答相同的是,每一个交流对象都是课堂的主持,用自己的见解点燃学生思考的火花、激发学生交流的热情。

每个小组的交流代表不是一成不变的,实行轮流责任制,这样可以改变一部分学生不愿意或者不积极参与讨论学习的局面,实行“兵教兵”原则,让每一个学生都受到关注,都能参与小组学习,都学有所获。

小组合作是分享课堂常用的学习方式,小组的组织功能不可忽视。

首先是合理分组。合理分组是小组合作学习的前提。可将学生的个别差异作为一种积极的教育资源加以利用,在班级中实施动态分组教学。按照“组内异质,组间同质”的原则,将学生组成 6 人学习小组,每组成员在学习水平、性别、兴趣、能力、爱好、语言表达、思想品德以及责任心等方面都要合理搭配,保证组内各成员之间的差异性和互补性、小组之间合理竞争的公平性。

其次是明确分工。为了防止有的学生因责任分散而有依赖他人、坐享其成的懒惰思想和行为,在合作学习中,小组成员应进行明确分工,承担起自己应尽的责任。这种责任承担主要体现在两个方面:一是做好自己在组内的分工任务;二是在做好“本职工作”的同时,积极主动地协助他人。每个合作小组有组长、副组长、记录员、评分员、监督员、交流员。这样保证每个同学都有事情做,不会产生被遗忘的感觉,都能主动地参与到学习中。当然,为了激发学生学习的积极性,组内成员的分工也并不是一成不变的,有时也灵活变岗。交流代表实行轮流制(见图 2-10)。

最后是有效组织。小组的有效组织主要从建立编号机制、结对子机制、对话交流机制三个方面来进行:每组组员在组长带领下,从组员的阅读能力、组织能力、性格特点等方面考虑自行编号，方便彼此间的交流、检测。编号随着学生的表现而不断变化。编号后，即在组内结对子。结对子原则上是互补型的，一般1号与4号、2号与5号、3号与6号结对子，每当小组内交流时，先是对子之间交流，达成共识后是小组内交流，最后才是班上交流。这样做的目的是以勤带惰，以优教劣，同时互相督促、互相帮助，以保证课堂上的学习针对每一个学生，不会产生“被遗忘的角落”。另外，贯穿其中的是对话交流机制，既有组内对子间的交流，又有组长带领下的组内合作，还有不同组间的交流反馈。当然，在整个组织过程中，每个小组内的组长统帅全组，随时了解本组内的学习交流情况，并针对组员的不同学习情况进行督促和调整。

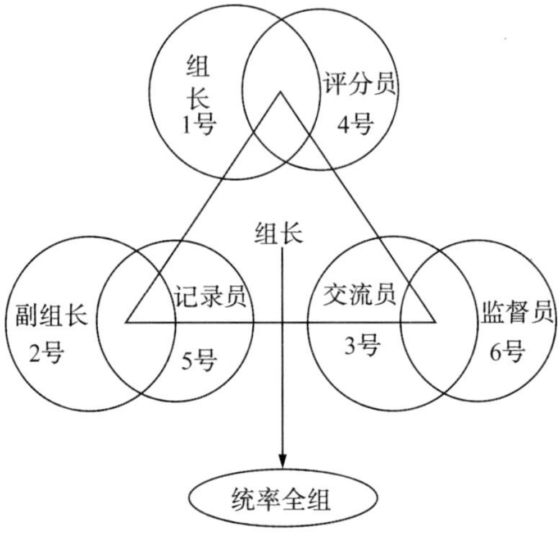

图 2-10　小组内组员分工示意图

整个分享过程需要遵循的原则有：一是体现语文课堂的语文味道，给学生以美感，让学生在探寻阅读方法、理解文本内涵的同时享受语文学习带来的快乐，感受语文的魅力，切忌以纲目式的讲题代替阅读；二是以学生心中的疑惑为重难点，选择学生容易回答且感兴趣的问题切入，在激发学生学习兴趣和好奇心的同时，水到渠成地引导学生层层深入文本，在享受阅读的同时完成学习目标。

这样，通过有效组织学生之间、师生之间等多层次的对话交流，让学生在与老师、同学的交流中分享智慧，分享学习过程中的思考和经验，实现共同成长，享受认同、尊重、交锋与重建的愉悦过程，不断碰撞智慧，生成精彩。分享的主体是参与课堂教学的每一个人，包括学生和老师，只有这样，才能真正做到“教学相长”。

(3)师生评价。师生评价是指在师生分享过程中,教师或学生对学生的展示过程与结果进行的适当、合理的评价。师生评价具有导向功能,其目的是促进学生的学习和改善教师的教学。

常用的评价方式有如下两种:

第一,学生互相评价。学生互相评价就是展示的学生(无论是自主展示的学生还是小组展示代表)在展示过程中,针对自己每一问题的见解与其他学生进行适时的互动,关注其他学生对自己展示结果的看法的一种评价方式。其他同学可以根据自己的思考发表看法,可以适当地纠正、补充或者扩展,也可以提出自己不同的见解,然后展示的学生迅速汇总其他学生的评价信息,对自己的展示予以修正和完善,最后呈现一个互动评价后的一致结果。

第二,教师多样评价。教师的多样评价是指教师在学生展示过程中,根据学生的展示过程与结果适时进行的多种形式的合理评价。教师的多样评价可以使学生更加自信,促进其潜能、个性和创造力的发挥,有效促进教学的顺利进行。常用的教师评价方法有言辞评价、分数评价、形体语言评价等。

言辞评价是教师对学生展示过程与结果一种最直接的评价方式,是课堂评价中最常用的一种评价方式。这种评价方式的原则是及时诚恳、态度委婉。比如“你回答得真棒”“你的想法很独特”“再想想,你还可以有更多的发现”“你思考问题的角度很新颖,但是如果再具体一点会更好”等等。这样的言辞评价,不但可以帮助学生树立信心,还可以创造一种轻松和谐的学习氛围,从而更好地完成学习任务。

分数评价是教师根据学生的表现以及问题的难易程度用分数评价的一种方法,这个分数既是对个人的一个评价分数,又是对其所在小组的一个分数积累,这样便于督促学生积极主动地展示,且可提高其小组合作意识。问题难度比较大的分数相对高一些,评分标准由各教师根据实际情况自行决定。

形体语言评价是教师面对学生的表现,通过手势或者神态给予学生的一种无声评价。这种评价简单直接,一个手势,一个眼神,一个微笑,有时候比语言更具有感染力,更能激发学生展示的信心。

评价的方式多种多样,无论哪一种评价都需要准确得体、及时真诚、生动丰富、机智巧妙、诙谐幽默。能将有声语言与形体语言有机结合,巧妙应对,创新性地进行评价,更可使评价平添内在的魅力,让学生更积极主动地参与课堂学习活动。

第五步:收获归纳

收获归纳就是一节课的学习任务完成后的一个谈收获的环节,能够体现教学效果,查看学习目标的达成度如何,起到查漏补缺的作用。

归纳总结的内容除了围绕学习目标的完成情况谈自己的知识收获之外，学生还可以就本节课自己的表现、认知等方面进行总结、归纳、自我评价、自我反思；或者根据课堂教学情况，密切联系自己的生活实际和已有的知识经验，进行知识和情感的拓展牵引。

拓展的内容视课堂容量而定，遵循紧紧围绕学习目标而总结的原则，这样可以加强知识的横向联系，扩大思维空间。

在展示形式上，教师应避免简单罗列，充分发挥学生的主动性，让学生真正做到自我归纳：一是利用板书让学生进行自主总结，达到师生共享的目的；二是采用小组总结的方式，让学生以小组为单位总结本节内容，采用轮流或竞答的方式发表意见，其他小组做补充，在竞争机制下促进巩固。

第六步：课堂检测

课堂检测是对学生当堂学习效果的一个测试，主要检测学生对于当堂学习内容的掌握情况。它既有利于学生对自己的学习做一个简单的评估，查漏补缺，又能让教师明了本节课的内容设计是否符合学生的学习要求、学生对学习内容的掌握情况如何、哪些地方还存在问题等等。

检测内容可以是根据设计目标检查学生应该掌握的重难点，也可以是学生预习课堂中存在的疑难，还可以是提醒学生不该忽略的认知。除此之外，还可以设计拓展练习，完善认识。拓展习题设计应注意做到针对性强，难度适当有所提高，以使学生对所获取的新知识进一步完善认识并能灵活运用为目的。

在处理方式上，可在学生自主检测后，由个别学生回答，学生与教师适当评价；也可以小组解决后选派代表就疑难问题在班上交流。此环节处理的方式多种多样，可以根据学习目标和文本特点适当确定。

经过一系列的探索与实践，实验班的学生阅读成绩远远高于非实验班学生，表 2-12 的数据表明此项实践已见成效。

表 2-12　实验前后初一、初二学生测试成绩对比

	及格率	优秀率	及格率	优秀率
实验前	79.2%	18.2%	85.2%	26.7%
实验后	98.1%	67.2%	100%	78.6%

分享课堂对于提高学生的学习积极性、改变学生被动学习的现状、提高阅读能力大有裨益，但是在实施过程中应该注意，面向全体学生才是语文阅读课堂改革的目标所在，让更多的学生积极主动地参与学习、认真思考、交流分享，才是分享课堂的精髓。

3.拓展课的教学模式

拓展课是“三段式”课堂教学模式的第三环节,是指学生在分享课学习的基础上,在老师的指导下,学生延伸、超越或超前于课本知识进行学习,以拓宽视野、吸收更多知识信息的课堂。它以课堂教学为主阵地,以教材整合内容为主要学习内容,目的是通过拓展迁移提高学生的语文综合读写能力。

在传统的语文阅读教学中,阅读教学以教材为学习的全部,教材有什么教师就教什么,“为考试而教”的错误观念根深蒂固,由此导致学生的阅读面狭窄、视野不够开阔,对所学知识只能生搬硬套,对文本理解有局限,读写能力低下。《义务教育语文课程标准(2022 版)》的颁布,加大了课程内容的综合性,扩大了创造的空间,为阅读教学注入了新的源泉,“课文只是个例子”而“拓展”成为流行名词。由于新课标倡导构建开放有活力的语文课程体系,就是要拓展语文学习的范围和领域,以开拓学生的知识领域,扩大学生的思维空间,提高学生的读写创新能力,“促进学生语文素养的整体推进和协调发展”。这就要求我们在教学实践中要积极开发课程资源,对教材进行必要的拓展延伸,以实现课程内容、课程实施等的根本变革。

烟台市语文“大量读写、双轨运行”教学模式的推进,更要求语文教师在教学中进行阅读拓展的研究,形成有效的阅读拓展的方法和途径,提高学生的读写能力。

基于以上原因,实验团队在预习课、分享课的基础上,建构新的也就是拓展课教学模式(见图 2-11),以进一步拓展学生的阅读视野,提升学生的读写能力。

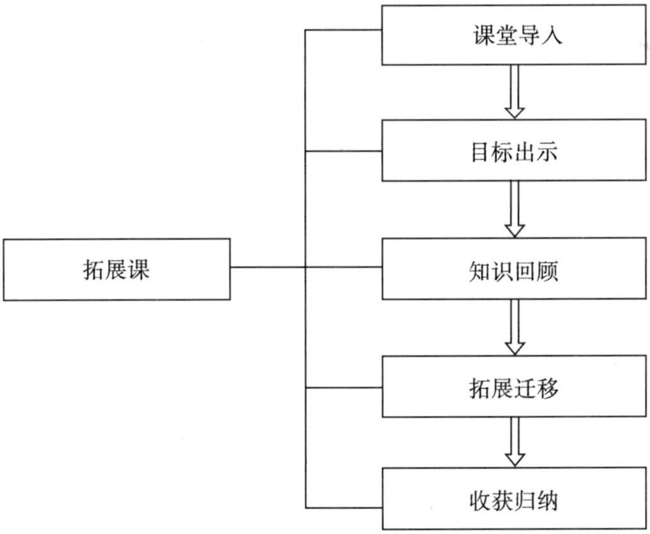

图 2-11 拓展课板块示意图

第一步：课堂导入

拓展课导入语，是教师在讲课之前，围绕拓展教学目标而精心设计的一段简练的引导学生顺利投入学习的教学语言，时间一般控制在1～3分钟。导入语的设计是课堂教学的重要一环，是上好一堂课的前奏。

拓展课导入语最主要的设计原则是，依据拓展内容的特点选择切入点，同时还要注意与分享课内容之间的内在联系，内容和方式既要富有新奇性，给学生以美的享受，又要紧扣拓展课目标。我们探索出的导入方法主要有：

(1)创设情境导入

创设情境导入指的是在引入拓展课时，教师从教学需要出发，创设与课程内容相适应的具体场景或氛围，引起学生的情感体验，激发学生主动学习的兴趣。情境式导入可利用音乐、投影、录音、图片、录像等直观手段来渲染课堂气氛，为学生理解拓展文本提供特定的情境，是符合学生心理特点并备受学生喜爱的一种方式。

(2)利用和所学课文类似的材料进行类比并导入新课

类比导入法是指在引入拓展课时，教师从教学的实际需要出发，用学生熟知的与拓展课中拓展内容相类似的文章来导入。主要有以下五种情况：一是由文体相同的课文导入；二是由作者相同的课文导入；三是由主题相同的课文导入；四是由有共性知识点的课文导入；五是由写作方法相同的课文导入。

这种导入方法，从其特点来看主要还是从语文教材整合的角度入手，与我们所研究的以语文教材整合为依托进行拓展联系最为密切，所以也是在拓展课堂的导入中最常用的一种形式。

(3)引用导入法

引用导入法就是用学生已知的知识，去激发学生探索未知的兴趣，调动学生的求知欲。设计引述性导入语，一定要注意对资料的选择，一方面资料要与拓展的内容有关系，只有这样的资料才能自然引入拓展内容，才不至于喧宾夺主；另一方面，资料必须是学生所知道、熟悉的，只有这样，才能引起学生的学习兴趣，激起学生求知的欲望。

总之，随着新课程改革的深入，导入的方法越来越多，只要我们本着从学生的兴趣出发、激发学生主动参与、主动学习语文的热情的原则，对不同的教材拓展就会有不同的理解，对拓展内容的分析理解也就会有不同的切入点。

第二步：目标出示

学习目标是课堂学习的出发点和归宿，直接影响到整个课堂学习的走向，是所有课堂学习活动的终极追求。教学目标看似简单，寥寥数语，但是凝聚着教师的教学智慧，体现出对课程的理解、教材的把握和对学生的了解。

拓展课的学习目标是在分享课的基础上所设。教师应力求从学生对知识的需求出发,充分体现拓展课基于教材整合进行内容设置的特点,语言表述要清楚精练。拓展课的主要学习内容应明确具体、一目了然、适用有效。教师在拓展伊始出示学习目标,给学生一个方向性的引领,明确本节课的主要学习目标并为之而努力。

拓展课的最终目标是引导学生在分享课学习的基础上,延伸、超越课本知识进行学习,以拓宽视野、吸收更多的知识信息。从本课题的要求出发,拓展课的目标必须是以教材整合内容为主要学习目标,目的是通过拓展迁移提高学生的语文综合读写能力。

常用的出示方式有两种:一是课件出示。在导入环节后,顺理成章地用课件出示目标,可以是教师口头表述,也可以请个别学生朗读,或者学生集体朗读。这样的出示方式比较直观,利于学生明确目标、加深印象。二是教师表述。教师可以在导入后口头直接表述本节课的学习目标,这样比较简洁直接,但是注意力不够集中或者听力不是很好的学生往往会忽略目标的部分内容,导致对学习目标的把握不够全面具体。

第三步:知识回顾

掌握知识是发展能力的基础,学生对基础知识理解得越深刻、掌握得越牢固,相应的技能就越熟练,越有利于能力的发展。如果离开掌握知识的活动去谈发展能力,则能力就成为无源之水、无本之木。因此,我们在拓展课中设置了“知识回顾”的环节。在具体的操作中,采取师生问答式、学生自测式及生生互测式三种方式来完成知识回顾,主要内容是教师引领学生回顾在上一节分享课中学习到的阅读知识或写作方法,使学生明确读写的方法,明晰拓展的主要能力点,为下一步的拓展迁移做好知识储备。

(1)师生问答式回顾

师生问答式回顾指的是教师采取口头提问的方式,通过个体学生的解答来了解学生在分享课中对重要知识点的掌握情况。这种方式简单直接,容易操作,也是通常知识回顾中教师采用的比较多的一种方式。教师可以直观地通过学生的解答掌握情况,但由于这种方式是以个体对象为主,所以教师在提问时一定要注意兼顾到各层次学生,否则很难从面上全面了解学生对知识的掌握情况。

(2)学生自测式回顾

学生自测式回顾指的是学生依据拓展课导纲所设问题,通过自我检测方式进行回顾。这种方式便于教师全面了解学生分享课上对知识的掌握情况,以便更好地驾驭课堂,合理地安排拓展迁移内容。不过,这种方式在操作时需要教师或学生及时对检测情况作出批阅，操作相对复杂，占用时间较长。

(3)生生互测式回顾

生生互测式回顾指的是在知识回顾时，学生相互结对，采取互问互答的方式进行相互检查，了解对分享课知识的掌握情况。这种方式的实施环境相对轻松，学生之间交流会更加自如，能从整体上让学生比较快速直接地了解自己对知识的掌握情况。不过需要注意的是，采取这种方式，教师一定要提前提出相关要求，最好是安排不同小组之间进行交流检测，且告知学生该围绕哪些知识点进行互测，并让学生随时对自己的知识掌握情况作出统计，以便教师统计了解学生对知识的掌握情况。

总之，以上三种方式在具体的操作中各有利弊，教师需要根据本课内容安排及知识点的难易灵活处理，而且要注意的是，这一环节的时间一般不超过五分钟。

第四步：拓展迁移

拓展课中，学生主要是对学到的阅读或写作知识加以运用，进行相关能力的迁移训练。这样，我们就确定了拓展课的第四个教学环节，也是最主要的一环——拓展迁移。

拓展迁移环节在实施中又具体细化为自主学习、展示释疑两步。(见图2-12)

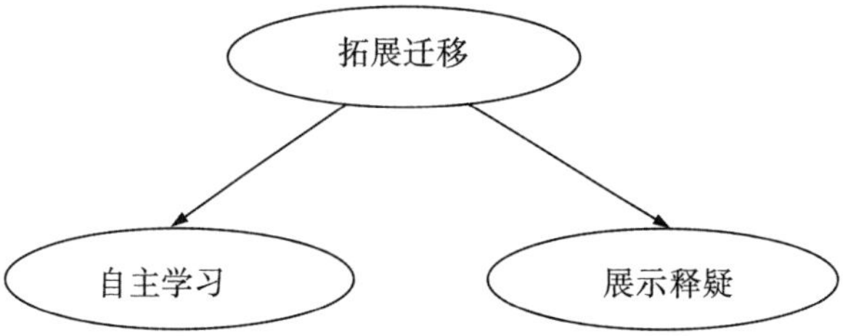

图 2-12　拓展迁移图示

(1)自主学习

拓展迁移的主要目的是培养学生构建知识体系，形成运用知识的能力，因此在这一过程中，学生必须依靠自主学习解决问题，只有这样才能实现在学习过程中自己建构知识形成能力，在这一过程中学生以原有的经验和认知结构(即分享课的学习内容)为前提，通过自主思维加工使新旧知识形成整合和同化，使原有的知识得到充实、升华、联合，从而建立新的知识系统。

经过研究，要让学生在预习、分享的基础上实现真正意义的知识构建，形成能力，在拓展迁移中就必须依托教材整合，加强课内外等方面的内在联系。基于此，我们把拓展迁移内容分为阅读能力的拓展和写作能力的拓展两大方面，并在拓展迁移的自主学习过程中予以具体实施(见图 2-13)。

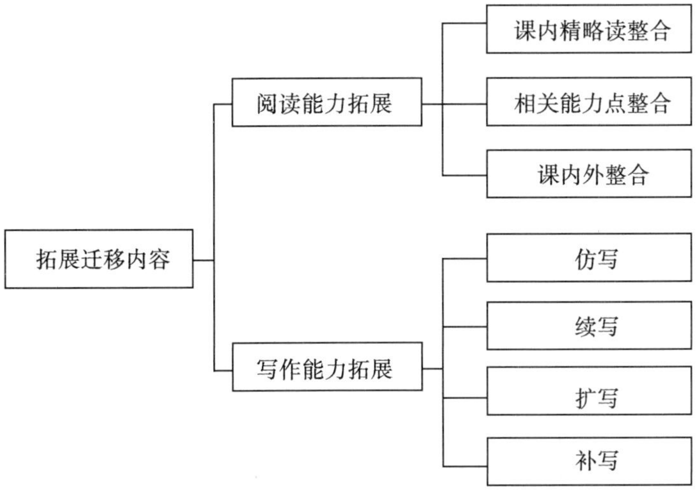

图 2-13 拓展迁移内容示意图

①阅读能力的拓展。拓展课中,阅读能力的拓展迁移主要基于教材的整合。教材整合的方式主要包括课内精读课文与课内略读课文或课外阅读资料的整合两个方面。通过这种整合,课内外阅读的教学效果和学生的阅读能力会得到提高,课程资源的开发与建设可得以实现。阅读能力的拓展主要包括三种形式。

第一是以某一单元为基点,实施精读课文和略读课文的整合拓展。初中语文教材主要采用单元教学模式,教师根据学生在精读课文学习中的能力点,就一个单元内典范性最强的教读课本为主,自读课文为辅,以主代辅体现举一反三的教学思想:“举一”是解剖典型,教思路,指方向;“反三”是指通过整合拓展,让学生进一步明确精读课文中的知识点,并能加以利用和实践。在整合过程中教师应注意点与点的比较、知识点的归类、重点的强化等,使学生对知识的认识上升到一个新的高度。

这样一来,学生对同类文章的认识得以强化,语文学习的外延得以扩大,语文学习资源的丰富性得到体现,语文学习真正成为学生学习的知识乐园。

第二是对相关文章的能力点进行整合拓展。不同的文章,往往在某一能力点上有着相同之处,教师若能抓住这些能力点进行拓展,必然会对学生能力的提高起到极大的帮助作用。由此我们认为,除了进行精读课文与略读课文的整合外,还可以根据相关的能力点,把课内不同单元文章整合在一起讲授。再进一步,我们还尝试对不同年级教材进行整合,虽然跨度有点大,但若处理恰当,照样能够更好地优化课堂教学。

这样的整合拓展既可以训练学生的概括思维、比较思维和创新思维，也有利于学生更深刻地理解文章主题。

第三是课内文章与课外文章的整合拓展。根据有意义学法理论的研究，一切新的有意义学习都是在原有学习的基础上产生的，只掌握了方法，不一定能形成能力，因为某一种方法只有在特定的条件下才能使用，而能力则可以在转化了的情境中仍具有生命力。要使学法真正成为学生自主学习的工具，就不能让其停留在记忆的仓库里，必须在学法揭示的基础上加强定型训练、纵横迁移，在训练中使学生逐步掌握，学法的成效才越发明显，学生运用的意识才能树立起来乃至逐渐增强，最终形成学习能力。

基于此，我们认为，学生语文素养的提高，单凭课内阅读是远远不够的，需补充大量的课外阅读材料。在教学中可选择恰当的切入点，进行阅读内容的重组整合。拓展教学中，教师应结合教材特点，以落实重点训练项目，使学生掌握方法，得法课内，用之课外，以求化方法为能力，使课外阅读能力越来越强；又从广泛的课外阅读中学习知识，增强见闻，以求以课外促课内。

这样通过对课内课外资源的适当整合，学生学过的知识就可得到及时应用，语文教材也立体起来，语文教学变得厚重而有序。

②写作能力的拓展。教学实践证明，结合课文教学进行写作拓展训练，在读写中培养学生的想象力，不失为一条方便快捷的有效途径。作文是与课文教学配合进行的，教师在设计作文时，应针对课文内容的可挖掘性，抓住训练点，对课文内容进行补白、详化、延伸。讲读课文基本上都是文质兼美的名人名篇，有的词句蕴含丰富，耐人寻味；有的人物心理描写凝练；有的省略情节；有的结尾戛然而止……总之一句话，这些文章有着极强的生命力，它们汇聚着作者丰富的想象，同时也给读者留有极其广阔的想象空间，我们完全可以将它们变成我们作文教学的蓝本。教师教学时可以根据不同的情况，采用多种形式对学生进行写作拓展训练。

实践过程中，我们主要采用如下四种整合拓展方法：仿写、续写、扩写、补写。

首先是仿写，是对经典处进行仿写，就是教师先对教材中精选的文章进行写作要素和审美意蕴的点拨，然后让学生以此为范本进行借鉴、摹写。阅读是因文得意，写作是因意为文。它们是相互独立又是相互依存的。利用仿写打通阅读与写作的壁垒，能有效地帮助学生形成写作能力，习得写作方法。而教材文本是最有效地抓手。中学语文教材中所选的文章均是文质兼美的好文章，有经典的名家名作，也有大量优美的时文。这些文章有着极强的生命力。它们是骨架和血肉融合丰满的整体。写作素材、写作技巧、写作文体、写作语言水乳交融。每一篇定评的优秀文章都可以教给读者如何写作。

其次是续写,是在意犹未尽处进行。教材中有不少课文的结尾戛然而止,给读者留下了丰富的想象空间。教学时,教师可巧妙利用这样的课文结尾,激发学生展开合理而精彩的想象与推理进行续写。续写即是顺着原作的脉络、思路再作想象。它的实质是延伸作文。练习续写除了可帮助学生进一步把握人物性格和文章中心以外,更能对学生的思维进行训练,特别是利于想象思维和创新思维的培养。

再次是扩写,是在凝练处进行。初中课文大都是名家名篇。文章的语言往往简洁、凝练,特别是文言文和古诗词更是如此。因此,教学中我们可以引导学生于此做文章,将原作加以扩充、拓展和发挥,充分发挥想象力进行扩写,让文章的内容更具体,让情节更生动,让形象更突出。坚持下去,不失为一个事半功倍的方法。

最后是补写,是在空白处进行。语文课本中有很多课文都留有一定的空白,或是在结尾,或是在中间。这样的“空白”还有很多。为什么经典名著具有永久不衰的思想艺术魅力,这也是原因之一。当然这更是很好的习作材料。教师可引导学生发挥想象力来“填充”空白,要相信“有多少个读者就有多少个答案”。补写留白能让学生的想象能力、创造能力、感悟能力得到提高。

习得技法则主要从以下几方面整合拓展:学习立意、习得语言、激发想象、借鉴布局。

首先是学习立意。“意”是文章的灵魂,而“浅”是时下学生作文的通病,因此,教师从教材中吸取思想并教会学生变通甚为重要。另外,许多名家的深刻思想观点都集中凝聚在文章的警句里,引导学生沙里淘金、分门别类地把教材中的名言警句整理出来,肯定是作文教学中的上策。

其次是语言习得。语文教材中名家名篇不少,精彩的语段很多,通过教材我们还接触到了我国古代艺术宝库中最灿烂的诗词歌赋,写作时适当地引用古诗文,可以让文章流光溢彩,粲然生辉,可以显示作者高雅的才情和深厚的文化素养。作文拓展教学中我们应该引导学生多读、多摘、多诵、多记,用好这些“谱”,用好这些“帖”,来提高学生的语言表达能力。

再次是激发想象。写作需要想象,它可以让概念的化为形象、静止的继续行动、片断的两头延伸、浓缩的实现扩展,文中有想象就跨越了时间的限制,冲破了空间的阻隔,伴着人的思维无边漫延。拓展教学中,我们通常借仿写、续写来激发学生的想象。

最后是借鉴布局。引导学生借用教材中典范之作的精巧和富有表现力的结构布局方式，常常能够获得事半功倍的表达效果。

我们的随文写作拓展，改变了以往“蜻蜓点水”式的“伪读书结合”，将随文写作的读写结合以一节拓展课的形式来进行，把随文写作作为阅读教学的延伸，让阅读促进了写作，也让学生在写作过程中真正进入作者的言语和写作心理中去，实现了以读促写和以写助读，实现了真正意义上的“读写结合”。

需要说明的是，无论是阅读拓展还是写作拓展，设计的拓展内容都应以知识回顾中的知识点为重点，是分享课的延续与升华，从而达到为拓展目标服务的目的。在具体操作过程中，教师也可以根据实际在拓展中既进行阅读拓展又进行写作拓展。

(2)展示释疑

展示释疑即在自主学习的基础上，首先由学生交流自己的学习结果，每一个交流想法的同学这个时候就是课堂的主宰者，可以就着自己的思考与同学进行充分的交流，进行思维碰撞。这个过程是学生自行交流的同时深入解读拓展迁移内容的一条有效途径，不仅如此，还锻炼了学生的表述和交流能力，让学生在轻松氛围中有效自主地解决问题。在展示释疑的过程中，教师还要注意发挥小组学习的重要作用，对于难点问题，可以要求学生先在小组内部交流解决。在整个展示交流的过程中，教师要适时参与进去，发挥自己的主导作用。这样，师生在展示交流、释疑解惑、达成共识的过程中，展示学习成果，解决教学过程中存留的疑问，从而共同完成教学目标。

第五步：收获归纳

收获归纳就是拓展课的拓展迁移学习任务完成后的一个谈收获环节，这一环节是一堂完整的拓展课必不可少的一部分，它能够体现教学效果，查看学习目标的达成度如何，起到查漏补缺的作用。

从归纳的形式上看主要有两种：一是教师针对本节拓展课的知识点进行全面的梳理总结，这样可以帮助学生形成系统的知识框架；二是学生自主归纳，归纳总结的内容除了围绕学习目标的完成情况谈自己的知识收获之外，还可以就本节课自己的表现、认知等方面进行总结、归纳、自我评价、自我反思；或者根据课堂教学情况，密切联系自己的生活实际和已有的知识经验，进行知识和情感的进一步拓展牵引，这样可以进一步加强知识的横向联系，扩大思维空间。从教学的实际看，这两种形式既可独立实施，又可兼而有之。教师要根据课堂需要灵活处理。

经过一系列的探索与实践，实验组对“三段式”阅读教学模式实践前后基础年级学生成绩进行对比后发现，模式实施后的学生阅读成绩及写作成绩远远高于模式实施以前的学生成绩，表 2-13 的数据表明此项实践已见成效。

表 2-13 实验前后基础年级学生成绩对比(2014～2015 学年度期末)

时间	初一年级		初二年级		初三年级	
	及格率	优秀率	及格率	优秀率	及格率	优秀率
实验前	72.6%	17.8%	78.7%	28.1%	85.2%	35.7%
实验后	89.2%	56%	90.2%	65.3%	100%	83.6%

(三)“三段式”阅读教学模式改革成效分析

在实验团队不断探索和实践下,“三段式”阅读教学模式首先解决了本校语文阅读课堂上学生学前预习效率低下、课堂上学习被动、学后知识得不到相应拓展的问题。学生的阅读写作能力较实验前有很大程度的提高,从实验前后学生预习情况对比中可以得出此结论(见表 2-14)。

表 2-14 实验前后学生预习情况对比表

		经常预习	有时预习	不预习	查工具书资料	做笔记	质疑问难
初一年级 75 人	前	12%	39%	49%	31%	7%	18%
	后	86%	14%	0	100%	86%	76%
初二年级 76 人	前	13%	41%	46%	33%	11%	21%
	后	90%	10%	0	100%	100%	82%

其次,“三段式”阅读教学模式的探索提高了课堂教学效率,提升了教学质量。对于课堂上出现的问题,学生养成了独立思考的习惯,并且能够大胆质疑;对于阅读所得,能够有条理地表述并学以致用;学习积极性较以前有不同程度的提高;阅读能力大大提高;语文成绩跃居海阳市前列。具体情况参见表 2-15、表 2-16、表 2-17。

表 2-15 “三段式”阅读教学模式实施前后质量检测成绩对比

	2013 年 11 月期中质量调研		2014 年 7 月期末质量调研	
	及格率	优秀率	及格率	优秀率
初一	81.5%	16.2%	88.2%	20.5%
初二	85.2%	20.3%	90.3%	26.7%
初三	87.1%	23.2%	93.6%	31.2%

表 2-16 “三段式”阅读教学模式实施前后学生阅读情况调查表

(每个年级各取 50 人进行调查)

	新文解读		阅读兴趣		阅读速度		阅读能力		阅读收获	
	听讲	自读	无趣	有趣	较慢	较快	较差	提高	习惯	帮助
实施前	80%	10%	78%	22%	82%	18%	79%	21%	12%	15%
实施后	35%	46%	33%	67%	34%	66%	45%	55%	60%	79%

表 2-17 “三段式”阅读教学模式实施前后学生学习态势对比

(每个年级各取 50 人从课堂学习状态进行对比)

	学习主动性	学习自信心	学习心理	学习习惯
实施前	差	不足	怠惰	差
实施后	大大增强	明显提高	积极向上	良好

再次,“三段式”阅读教学模式的探索与实践大大改变了教师的教学观念,提升了教研能力。在探索实践过程中,语文教师的教学观念有了很大转变,确立了“大语文”观,在“预习——分享——拓展”三环节的授课过程中,教师的理论素养和科研能力得以提高,专业发展得到促进。在这一过程中,杨海峰校长分别在烟台市和山东省经验交流会上作了《以课题研究为载体　科学推进语文教研教改》《专业定向课题引领　打造有影响力的教育科研团队》《实施“三段”教学,运行读写双轨,建设课程资源》《“三段式”教学让课堂更高效》的典型经验交流;曲新美老师执讲烟台市语文优质课获一等奖;语文教研组被评为“海阳市优秀教研组”等等。

经过近两年的探索实践,我们欣喜地看到,我校初中语文“预习——分享——拓展""三段式"阅读教学模式大大推动了学生的自主学习、合作学习和探究学习,提高了学生的语文能力和阅读效益。同时,"大量读写、双轨运行"和课程资源建设的有机地结合,有力推动了阅读教学与写作教学、课内阅读与课外阅读的有机结合,拓展了读写总量。

现在,学校已建设起以教材整合为核心的语文课程资源库,提高了语文课堂教学效益。语文教学团队协同作战的模式起到了以点带面的辐射作用,其他学科也开始尝试跟进,成绩显著。

二、"三段式"阅读教学模式改革的讨论与建议

(一)"三段式"阅读教学模式改革的讨论

在"三段式"阅读教学模式推进过程中,我们发现还存在如下问题:

首先,教师指导学生学习的力度把握不好。具体表现在:一是讲解过多,很多教师对自己在课堂中的角色不能准确定位,总是喜欢越俎代庖,将自己的理解强加给学生,用过多的讲解代替学生的阅读感受;二是不明确指导的时机,不知道到底在什么时候该指导、什么时候该放权给学生、怎样指导、指导什么内容,很多老师都没有明确的把握。

其次,教师的教学风格和教学模式需要协调。很多教师在教学过程中已经形成了自己的教学风格,如何将自己的教学特色融入"三段式"阅读教学中,并且让自己的教学更加有效,是很多教师纠结的一个问题。正因如此,一部分教师教学风格与课题教学模式结合缓慢的现象,给课题研究带来了不同程度的压力。同时,教师的理论水平参差不齐,在理论素养方面有待于进一步提升。

(二)"三段式"阅读教学模式改革的建议

首先,继续学习与课题相关的课例、理论等,不断强化实验组团队成员自身的文化底蕴,提高研究和实践能力。

其次,"三段式"阅读教学模式实施的后续工作仍需要进一步加强,要把探索创新作为教师自我发展、自我反思、教学探究、教学评价等个人能力成长的切入点,使改革成果进一步有效推广。

再次,学校可以为学生提供更多的阅读资料,以备开阔学生的阅读视野,为课内阅读的有效迁移做好铺垫;同时多开展相关的教研活动,多为教师提供外出学习的机会,以他山之石攻己之玉。

最后,学校要进一步加大课堂教学管理力度,要重视提高学校领导的探索创新意识,重视培养实践骨干队伍,加强过程管理与调控,建立课堂授课奖励机制,重视改革信息资料的建设。

总之,我们期待广大教师在研究改革的过程中思路开阔,思想活跃,研究深

入，工作精细。研究改革不是全盘否定过去，只是在原有的基础上进行创新，我们会继续紧紧围绕提高学生阅读能力、提高教学成绩这个目标来开展工作，把自己的优势做强，构建出属于自己的真正有利于初中语文阅读教学的高效模式，这才是我们阅读教学模式改革的最大愿望。

第五节　“三课型”课堂教学模式的确立及制度保障

学校课堂教学模式在历经“三环节”“三段式”改革后教学效率得到明显提升，在“三段式”阅读教学模式有效实施的基础上，我们将其向其他学科进行辐射，并最终确立了“三课型”课堂教学模式。“三课型”课堂教学模式的有效确立，离不开学校教学常规管理督导机制的有效实施，正是这一机制，为“三课型”课堂教学模式的研究提供了一系列制度保障。学校坚持“为学生终身发展奠基，对中华民族未来负责”的教育教学理念，慎思笃行，尚实求真，在课堂教学常规管理中求实效、实效中求特色、特色中求发展。

一、学校教学常规管理制度专项化

为进一步加强教育教学常规管理，切实提高课堂教学质量，学校将每年九月定为常规管理月，各级部由备课组长牵头，组织对所有学科教师的备课与学生作业按照规范要求进行自查，并形成包含优点、不足与改进措施的教学常规月总结报告，其中备课分为集体备课和个性化备课，作业分为正规书面作业和家庭作业。各学科还设置综合素养作业，全面推进涉及课程、课堂和课题的“三联课堂”。在教学管理上根据学校教育教学现状，提出相关要求，包括课堂教学管理制度、优秀教师团队制度和学生培养计划制度。

(一)建立课堂教学管理制度

课堂教学管理制度的建立主要涉及四个方面。

一是建立学科备课管理制度。我们推行基于大单元整体教学的“三课型”课堂教学模式，现以语文学科为例进行说明。首先是建立语文备课制度。语文备课必须符合基于大单元教学的“三课型”课堂教学模式——预习课、分享课和拓展课。课型的顺序不能变，每个课型的内容可以根据教学的实际需要灵活处理。其次是形成语文大单元教学方案。“三课型”课堂教学模式体现大单元教学理念，促进了学校语文教学的深度改革。学校制定《语文学科基于大单元教学的“三课型”阅读工程方案》，并从指导思想、价值目标、主要任务与实施路径等方面进行阐述，为阅读工程的开展提供保障。最后是制定阅读课管理办法。

为了保障阅读课的开展,制定阅读课管理办法,明确阅读课开设的重要意义,固定好阅读时间。加强阅读课管理,既注重读书氛围的创设,又有具体的方法指导,并通过读书活动与读书评价予以保障。

二是作业设置制度。在新的教育教学形势下,按照规范办学要求,各级部加强常规教学的宏观调控,尤其是课内外作业的规范性设置与数量管理,科学发挥“作业审批表”“学生家庭作业记事簿”“班级作业记录本”的使用与检查作用,认真制定作业设置计划。

三是“三课型”课堂研究方案。学校制定《基于大单元教学的“三课型”课堂教学策略研究实施方案》,于新学年开学第三周就组织教师申报,满足教师个人研究的需要,并按计划开展研究。

四是校本课程开发方案。在此基础上,学校推动校本课程的开发,以课题研究为依托,以“三课型”课堂教学模式实践为基础,按照教材内容进行分类、整合,体现大单元教学理念,将教师备课分年级、分学科、分阶段、分类别进行共享,并建立备课资源库,形成校本课程的有效开发。

(二)建立优秀教师团队制度

优秀教师团队制度的建立是在“以人为本”办学理念的指引下,结合学校实情,发挥骨干教师的引领作用,在开学之初建立多元开放的优秀教师团队——新课堂研究团队、读写宣传团队、常规管理团队和青年教师团队,建立教师成长档案。

(三)建立学生培养计划制度

学生培养计划制度是指教师根据学生特点确定学优生与学困生,根据学生在每个阶段(一般以阶段性检测时段为界)的具体表现和学习需求确定的相关培养制度与计划。学生的数量和名单随着阶段表现的不同而不同,因此,学校要求教师每一期都做好《学优生培养及学困生转化记录表》的填写。

二、学校教学常规管理制度规范化

制度的规范化是为了更好地实施制度,有了规范的制度,具体实施便有了依据与保障。

(一)组建课堂研究工作室

在“以人为本”办学理念的指引下,学校结合自身实情,以发挥骨干教师引领作用为目的,以自愿参与为原则,组建课堂研究工作室,以课题研究引领课堂教学,进行基于大单元教学的“三课型”学科教学策略研究。每学年开学之初学校组建团队,教师可根据要求申报成为工作室主持人或成员。

1.工作室主持人申报要求

工作室主持人要能深入理论研究，联系所任教学科教师参加基于大单元教学的“三课型”课堂教学的策略研究，切实做到创新教学方式，实行合作教学，并对学生进行捆绑评价。工作室主持人要承担立项一个校级课题，以课题研究为载体自行组建研究工作室。工作室主任可以是已经立项的省市级课题主持人，可以申报立项校级研究课题。课题主要从以下六个方面展开：一是进行基于大单元教学的“三课型”学科课堂教学策略研究，在目标设计、学习活动、课堂评价中聚焦学科核心素养，推进以学为中心的课堂教学。二是进行基于学生差异的学优生培养及学困生转化的方法策略研究，探寻作业分层设计管理、小组合作学习、教师异步教学的新思路。三是充分关注学科德育价值的挖掘和转化，从课程的高度挖掘教材本身蕴含的育人价值，探索在学科教学中落实立德树人根本任务的方法和策略。四是纵深推进“互联网＋”课堂研究，将线上教学的经验与常态课结合，探索将信息技术与教育教学深度融合的方法。五是深入探索实施“基于核心素养的语文单元拓展整合阅读工程”研究，健全语文课程开发研究制度，注重提升学生语文素养的方法与策略。六是开展任务驱动、主问题引领的“教学评”一致性研究，推进学生课堂的深度学习，提升学生学习力。工作室主持人必须有能力组织成员参与课堂研讨的各项活动（必须进行网络研讨）；必须填写详细具体的《______—______学年度“三课型”课堂教学研究课题申报表》，明确阐述本年度研究内容和研究目标，要有课堂教学研究成果，进行一次课堂教学成果展示，并上交精品课堂教学实录、个案集（含教学设计、课件、教学评析）、论文、课题报告等形式的成果。

2.工作室计划制定

根据课堂教学研究专题会议的部署，各工作室主持人牵头完成下列事项：一是修改完善《基于大单元教学的“三课型”课堂教学研究课题申报表》和各工作室根据所拟研究主题制定的研究方案，方案包括研究目标、研究内容、拟解决的问题和预期成果、活动方法、组织程序、活动安排（每学年上学期组内每名教师均要负责组织一次集体备课、说课和一次课例展示研讨，注明备课研讨和展示课研讨的时间、活动地点），活动后要将活动内容、活动总结及所有材料进行汇总。二是成员个人制定活动计划，包括自己在组内的地位、承担的研究内容和职责、具体做法、预期达到的效果等（要详细阐述本人执讲的研讨课例的主要展示目标等事宜）。

上述材料（包括纸质稿和电子稿）以小组为单位上报学科分管领导，学科分管领导核查汇总后交学校核定、评比。

3.工作室活动开展

每学年开学第二个月份，工作室根据学校部署和工作室的规划开展活动。各工作室要按计划和安排组织活动，活动过程基本按照集体备课、说课与课堂展示研讨的顺序进行，全体成员研讨完毕后进行课例研讨，结束后各工作室推选一节最优汇报课参与校级公开展示，进行讲课比赛。

关于备课研讨(含理论学习、备课、说课、研讨等室内活动)，要求所有参与研究人员学习《基于大单元教学的“三课型”课堂教学策略研究实施方案》，然后工作室各成员依据研究专题各自准备一个课时的精品备课，在工作室内进行说课，突出研究主题策略，在其他成员提出研讨建议后再进行二次备课，最后完成任务并按时上交活动材料(每名教师前后两次的备课教案、工作室各成员的研讨修改建议、活动纪实照片及活动记录汇总)。

关于上课展示，围绕以下三项内容进行：一是体现分层次教学。二是注重问题导学及合作探究学习方式研究，教师讲解不超过 15 分钟，不少于 1/3 的学生进行台上展示。三是有效实施目标教学，根据研究专题做好课堂观察、课堂总结、评价与反思。工作室成员围绕上述内容做好准备(执讲者结合个人的授课做好教后反思，其他成员研讨评课，并将网上研讨内容打印截图)，工作室主任组织评定排序、上报材料。

关于汇报课比赛，各工作室推选一节最优汇报课参与校级公开展示和讲课比赛，具体要求如下：各工作室组织的研讨活动要求主题明确，实效性强，并责成工作室主任于活动前一周的周四上午放学前将活动进行具体安排。活动结束后，工作室主任负责收齐活动材料，对每次活动过程都要留有详细记录。各工作室若组织听评课活动，全工作室教师必须同时参加，各工作室主任根据本工作室教师情况确定好观课点并进行分工，自制并下发观课记录表。工作室内所有教师根据自己的观课点对研讨课例进行评课并做好反思，须详细记录研究活动过程，最终将过程性资料收集完整后上报教导处保存。每次听课结束后，工作室内教师的听课记录、听课活动照片，由工作室主任记入听课记录统计表并装订上交。

4.工作室材料汇总

一是征集优秀教学设计。征集基于大单元教学的“三课型”课堂教学模式下的“自导合作”学习深度研究优秀教学设计。参评人员为本年度参加课堂教学研究的教师，评选要求按会议统一布置，以学本工作室为单位进行初选，每组推选优秀教师数不超过工作室教师数的 50%，之后进行校级推选，并填写优秀教学设计推荐表，推荐数量不超过上报数量的 70%。

二是汇总阶段材料。由学科分管领导进行次数确认(活动次数确认方式：

一是学校周计划公布确认；二是根据网络研讨截图或活动照片或音像资料提交情况确认；三是根据活动结束后的档案材料提交情况确认）及材料汇总，其中网上研讨情况由学科分管领导进行检查核对，组长将网上研讨截图（显示时间、工作室名称、成员研讨纪实）上传给学科分管领导进行检查。工作室主持人收集本学期研讨过的活动材料，待第二学期研讨活动结束后一并整理上报，列入“三课型”课堂研究相关考核。学科分管领导于规定时间内上报各工作室研讨次数汇总表和网络研讨截图打印稿。

三是撰写活动纪实。根据“三课型”课堂教学研究重点工作要求，参与研究的教师要撰写课堂教学研究活动纪实，内容涉及参与研究的过程、收获；也可以撰写研究论文，要求既要有研究实例，又要体现研究所得，既要有问题剖析，又要有解决措施，以便更好地总结自己的研究实践。

5.工作室日常监督

定时召开级部领导会议、学科分管领导会议，结合教学中存在的问题，充分发挥学科组长的带头作用，让他们能够带领团队合作共进；学校以不定时推门听课与日常巡课的形式及时发现问题并予以更正，不断规范课堂教学行为。

（二）加强教师培养团队建设

为充分发挥骨干教师的聪明才智，调动他们的积极进取精神，发挥他们的示范辐射作用，学校大力构建多元开放的优秀教师团队，除了上述“三课型”课堂研究团队外，还加强青年教师团队、读写宣传团队和常规管理团队的建设。

1.青年教师团队建设

每学年开学之初学校组建青年教师团队，从教师年龄和个人发展需求两个角度确定青年教师发展团队成员：35 周岁以下（含 35 周岁）的教师必须参与，40 周岁以下（含 40 周岁）的教师自愿参与。组建后，教师根据个人成长需求填写个人成长规划信息表，学校则召开会议对青年教师进行培训。

首先，学校鼓励青年教师成为一个阅读者，因为阅读会让每个人搭上专业成长的快车。阅读推荐从以下三个方面入手：结合自己所教学科内容，阅读学科教学方面的专业书籍，通过阅读了解本学科发展的新动向；阅读与教育学、心理学有关的书籍，以此来认识探究学生丰富的内心世界，寻求正确的教育教学方法；阅读名师成长的励志书籍，找到自己的人生坐标，努力成为一个有教育理想、教育情怀和教育追求的教师。其次，学校鼓励青年教师成为一个思考者，大致可以从三个方面展开：如何在课堂教学中体现学科的核心价值以及通过怎样的方式使学生在学习中提升核心素养；如何提升与学生交往的艺术；自己所追求的最理想的教育境界是怎样的。最后，学校鼓励青年教师成为一个写作者，一定要重视写作的价值，用文字记录下在丰富的教育教学实践基础上的最真实的生活体验与思考感悟，通过写作提升自己阅读与思考的价值。

团队成立之后，即组织开展形式多样的课堂教学研讨活动。例如，组织“走进名师课堂，助力专业成长”活动。青年团队教师参与听评课活动，并写下听评课感悟和成长规划。开展“共读一本书”“读书沙龙”“我最喜爱的一本书”等系列读书活动，定期举行读书演讲比赛。组建“青蓝”工程“结对子”活动，举行青年教师授课大比武活动等。

2.读写宣传团队建设

读写宣传团队于每学年开学之初组建，团队成员没有年龄限制，教师根据个人的发展需求自愿加入，但必须完成学年度的读写任务。要求读写宣传团队成员能积极参加各项读书活动，配合学校开展读书工程；读写宣传团队成员带领全校教师积极阅读专业著作，并写下读书笔记，学校定期开展读书交流活动。完成校报、校园文化建设的有关工作，每个月读书团队成员要完成校报（教师报、学生报）投稿，交流学习体会，报道新闻事实，很好地促进校园文化建设；鼓励教师借助新闻媒体平台，通过美篇、通讯报道等形式对学校各项出色的教育教学工作进行宣传。

3.常规管理团队建设

为优化常规管理，增强教师的常规管理责任感，发挥骨干教师的组织引领作用，学校教师本着自愿参与的原则组建学科教学管理团队。

欲申报学科教学管理团队成员者，必须是参与“三课型”策略性研究的教师，理解并熟知研究内容，并满足以下申报要求：一是担任组织引领学科教学的备课组长或“三课型”课堂教学模式研究工作室主持人，能承担一个专题的研究任务并带领本工作室成员开展有效的教学研讨活动；二是上一学年度被聘为校、县级学科教学骨干教师；三是参与“三课型”课堂教学评价的须为执讲过现任学科的市级及以上优质课的教师。符合条件的教师填写《______—______学年度参与学科教学管理团队成员申报表》。

学科教学管理团队教师的主要职责是带领本年级教师开展有效的“三课型”教学研讨活动，配合学科领导开展学科听评课活动，同时参与学校的常规检查及各项措施落实。

三、学校教学常规管理制度评价化

学校在课堂常规管理过程中注重实效性，实行公正严密的评价机制。每一项管理检查情况都会通过每周工作安排及时予以反馈与公示，检查结果会被纳入绩效考核。学校围绕每一项管理都制定相应的评价标准，主要包括课堂教学研究评价标准、教师团队建设评价标准、学优生培养和学困生转化评价标准。

课堂教学研究评价标准涉及以下方面：教师教学设计是否符合学科课标要求，是否符合“三课型”教学模式内容要求，是否具有创新性和针对性；教学内容的组织是否清晰，是否有很强的逻辑性，能否引发学生学习兴趣和深入思考；教学方法是否多样化，是否能够满足不同学生的学习需求；学生课堂参与度和课堂表现情况；教师教学反思是否有价值，能否提出有创意的改进措施，教学质量是否有所提高，等等。

教师团队建设评价标准一般涉及教师团队合作氛围是否融洽，是否能够共同完成学校的教学研究目标；教师之间是否相互学习和交流，是否有分享资源和经验的机制；教师的专业素养和教学水平是否得到提升，是否参与学科建设和研究活动；能否履行团队职责，积极参与团队活动；教师的团队责任心和执行力是否有所提高等等。

学优生培养和学困生转化评价标准包括学优生的学习成绩和综合素质评价，一般指学科竞赛成绩、科研成果、社会实践等；学困生的学习进展和改善情况评价，是否有明显提高；学优生和学困生的个性特点和成长情况，是否得到有效关注和培养；学校对学优生和学困生的关爱和支持措施是否得到及时实施和反馈；等等。

第六节　“三课型”课堂教学模式研究成果的完善

“三课型”课堂教学模式在实施过程中也出现了一系列问题，其根本原因在于，随着科技的发展和社会的变革，传统的课堂教学模式已经不能满足学生的学习需求了。学生需要更加注重实践能力、创新精神和团队合作能力，而传统的课堂教学模式往往偏重于知识的灌输和死记硬背，无法有效培养学生的综合素养。因此，进一步改革课堂教学模式，注重培养学生的核心素养，已成为当前教育改革的重要方向。为了能够更好地满足学生的学习需求，培养学生的创新意识和实践能力，提高学生的综合素养，我们引入更多的实践性教学和跨学科的教学内容来激发学生的学习兴趣和学习动力，从而更好地发展他们的个性和潜能。同时，改革课堂教学模式也能够提高学生的综合素养，使他们更好地适应未来社会的发展需求。

一、“高效阅读”保证了核心素养提升的科学性

无论是“三环节”课堂教学模式还是“三段式”课堂教学模式，都聚焦于阅读教学，说明阅读已成为学生获取知识、培养自身综合素养的重要途径。无论是

教材阅读还是课外阅读,都是在提高学生阅读能力、阅读水平的同时追求高效阅读,最终提升学生的学科素养与核心素养。提升学生核心素养是教育的根本任务,而高效阅读作为重要的学习方法和技能,对提升学生核心素养具有重要的价值和意义。通过高效阅读,学生可以更好地理解和吸收知识,培养批判性思维和创新能力,提高解决问题的能力,增强综合分析和综合运用知识的能力,从而全面提升核心素养。此外,高效阅读还可以帮助学生更好地适应信息化社会的发展需求,为其未来的发展奠定坚实的基础。因此,高效阅读对提升学生核心素养具有重要的价值和意义。

(一)高效阅读与学生核心素养发展关系的探索与实践

在国家新课程标准对学生核心素养有所要求的背景下,以发展学生核心素养推进教育教学的改革与发展,已经成为教育领域的重要发展趋势。我们更需要关注如何将核心素养的培养与教学变革紧密联系在一起。因此,本着发展和提升初中学生核心素养的原则,我们进行高效阅读的研究与实践,教给学生正确、有效、具体的阅读方法,意在解决目前初中学生阅读“少、慢、差、费”的问题,为“三课型”阅读课堂教学提供理论与工具支撑。

2016 年 7 月,海阳市教研室引进“高效阅读”项目工程,曲新美老师被吸纳为海阳市高效阅读骨干团队实验教师,我们学校也成为高效阅读实验点。于是我们将着力点放在教学实践上并跟进探索,为“三课型”阅读课堂教学提供理论与工具支撑。

高效阅读,本意是综合运用教育学、心理学、生理学、语言学、思维学、脑科学等学科的有关原理,借鉴国内传统的优秀读书方法和国外盛行的快速阅读法,结合我国学生的阅读实际特别是为改变学生“少、慢、差、费”的阅读现状而设计的一套阅读教学训练体系。

核心素养本来是指学生应具备的、能够适应终身发展和社会发展需要的必备品格和关键能力,综合表现为九大素养,即社会责任、国家认同、国际理解;人文底蕴、科学精神、审美情趣;身心健康、学会学习、实践创新。在此,核心素养主要指的是初中学生必备的学习和发展能力。

《义务教育语文课程标准(2022 版)》在前言中指出:“语文课程致力于培养学生的语言文字运用能力,提升学生的综合素养,为学好其他课程打下基础;为学生形成正确的世界观、人生观、价值观,形成良好个性和健全人格打下基础;为学生的全面发展和终身发展打下基础。”其内容明确指向一个清晰的方向,即“人的培养”。它强调能力培养,特别是独立思考和批判性思维能力的培养;强调思维品质的提升;强调文化积淀;强调民族文化自信和价值观自信的增强;强调精神世界的丰富。

所以，以发展学生核心素养推进教育改革与发展，已经成为国际教育领域的重要发展趋势。建构我国学生核心素养发展框架也成为全面实施国家教育规划纲要、落实立德树人根本任务的关键和基础。我们更需要关注的是，如何将核心素养的培养与教学变革紧密联系在一起。高效阅读实践重在总结并传承过去有效阅读教学的经验，发挥现行政策对发展学生核心素养的作用，反思现行阅读中“少、慢、差、费”现象，探索、确定、掌握、运用初中语文高效阅读教学的有效方法，推动语文阅读教学改革，有效地发展学生核心素养，为学生的终身发展服务。

在实践过程中，我们发现高效阅读与学生核心素养紧密结合有不可估量的实践意义，既具理论价值，又不乏现实意义。

首先，高效阅读具有理论价值。建构主义理论强调学生是认知的主体，是意义的主动建构者，而不是知识的被动接受者；教师是知识和意义建构的帮助者和促进者，可引导学生通过一系列的活动建构意义。而高效阅读的实践是在建构主义理论的基础上，从建构主义视角探讨高效阅读的方法，以便更好地发展学生的核心素养。党的十八大和党的十八届三中全会提出要把立德树人的任务落到实处；2014 年教育部印发的《关于全面深化课程改革落实立德树人根本任务的意见》提出，将组织研究提出各学段学生发展核心素养体系，明确学生应具备的适应终身发展和社会发展需要的必备品格和关键能力。核心素养是党的教育方针的具体化，是连接宏观教育理念、培养目标与具体教育教学实践的中间环节。党的教育方针通过核心素养这一桥梁，可以转化为教育教学实践可用的、教育工作者易于理解的具体要求，明确了学生应具备的必备品格和关键能力，从中观层面深入回答了“立什么德、树什么人”的根本问题，引领课程改革和育人模式变革。

其次，高效阅读也具有现实意义。我们以高效阅读完善“三课型”阅读教学的目的，一是让学生阅读速度更快、阅读效率更高、阅读总量更多；二是让学生对阅读对象能够自觉进行识别、吸收、理解、保留和回忆，掌握阅读规律，并提高阅读解题能力；三是培养学生语文自学能力，并将其迁移到其他学科，为终身学习打下坚实基础；四是让学生在阅读中能够自觉地进行感知、体悟和创造，实现初中语文教育的目标——自能读书，自能作文，并养成良好的习惯，提高语文素养，增强文化底蕴，从而实现全面发展。

在学习相关理论的基础上，我们将着力点放在教学实践上，操作性强，适应面广，由此学生们可望达到以下目标：能较熟练地运用略读和浏览的方法，扩大阅读范围，拓展自己的视野；欣赏文学作品，能有自己的情感体验，初步领悟作品的内涵，从中获得对自然、社会、人生的有益启示；形成对作品的思想感情倾向,能联系文化背景作出自己的评价;针对作品中感人的情境和形象,能说出自己的体验;能品味作品中富于表现力的语言;在实践中学习运用语文;等等。为此,我们提炼出“效率为主体”的理念,确立了“终身发展”的目标,推广了“得法—学法—用法—创法”的阅读思路,完成了高效阅读的实践与跟进(见图2-14)。

在实践前期,我们研究了国内外相关内容的实践现状,发现国内外关于高效阅读的专著琳琅满目,发展学生核心素养的文献也层出不穷:比如罗晓晖的《高效阅读与写作》研究的是解决现代文阅读与写作中存在的问题;李源的《给大忙人的高效阅读课》提出了解决“买太多、读太慢、记不住”三大问题的方法;秦灵华在《事半功倍读书法》中整理出了“跳读法”“厚薄法”“模型读书法”“先读序文法”等等;渡边康弘在《高效阅读》中提出的“共振阅读法”,会帮助我们“多快好省”地阅读,即便晦涩难懂的书也能读懂,且读后方便回顾,轻松输出,此为高效;彼得·孔普在其著作《如何高效阅读》中将阅读的技术拆解成一个个小的技能点,提出只要通过科学的练习,阅读也可以像跑步、游泳、骑自行车一样,速度越来越快,达到一天一本书的速度。目前,国内外既有对核心素养的研究,也有对高效阅读的探索,但是如何利用高效阅读发展学生核心素养却是一个“研而不深”的问题。再看目前我校及本市各个学段学生的阅读,普遍存在阅读“少、慢、差、费”的现象:阅读速度不快;阅读效率不高;阅读总量不足,90%以上的学生达不到课程标准的要求;许多学生对阅读兴趣不浓,缺少阅读时间,存在不良阅读习惯等,最重要的是不会读。就教师而言,重点是阅读方法指导和阅读能力系统训练,学生阅读能力形成和提高效果不明显。因此,探索、确定、掌握、运用初中语文高效阅读教学的有效方法,推动语文阅读教学改革,有效地发展学生核心素养,已是势在必行。

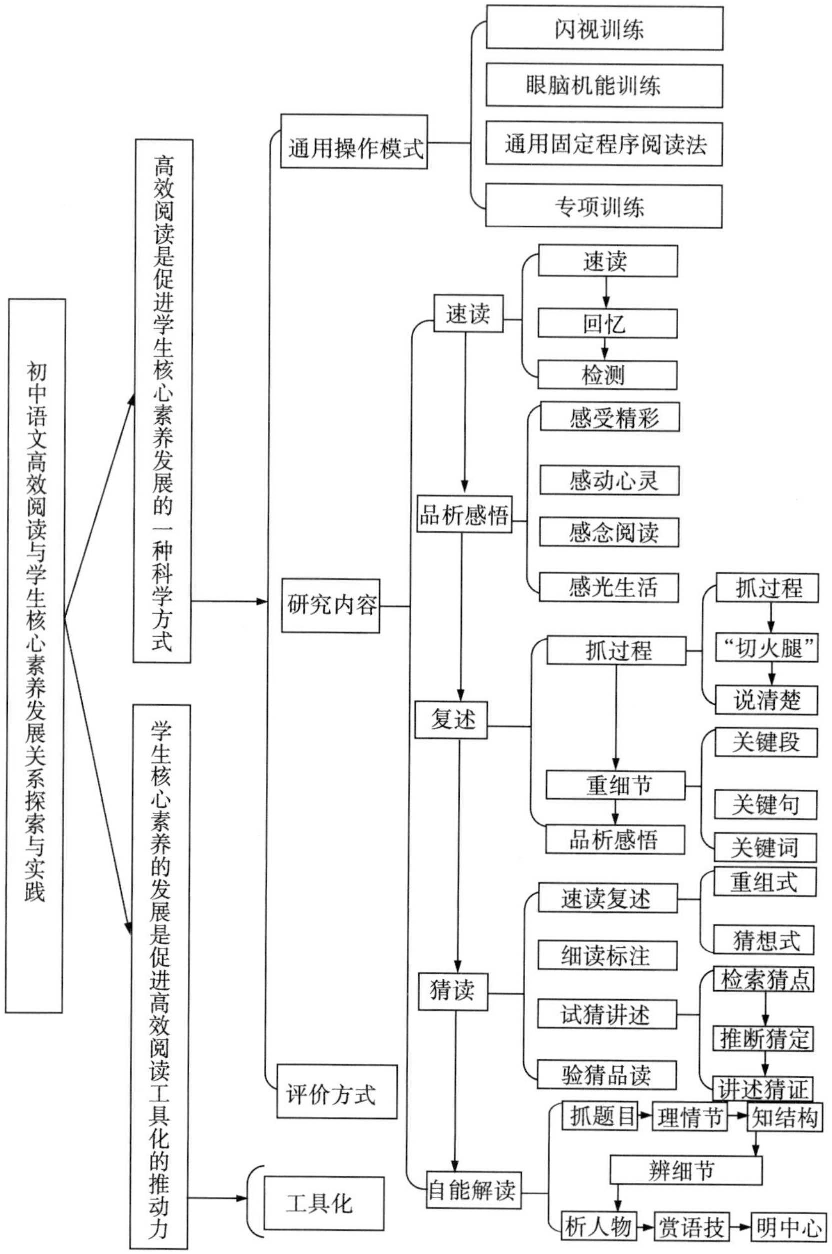

图 2-14　高效阅读与学生核心素养发展关系的探索与实践示意图

在已有的研究与实践的基础上,我们将高效阅读实践内容确定为“基于学生核心素养发展的高效阅读方法以及学生核心素养发展促进高效阅读的有效评价方式”;将“探索出能发展学生核心素养的高效阅读方法及操作思路,确定出学生核心素养发展促进高效阅读的有效评价方式”作为实践目标,以解决目前我校学生阅读“少、慢、差、费”的问题,提高学生的阅读效率,发展学生的核心素养。该项实践预计有以下突破:一是以学生的终身发展为目的,探索能发展学生核心素养的高效阅读方法;二是以尊重学生为前提,确定学生核心素养的发展对促进高效阅读工具化的有效评价方式。创新点在于将高效阅读与核心素养的发展结合起来,即通过高效阅读方法的研究与训练,发展学生的核心素养;基于学生核心素养的发展,确立促进高效阅读的有效评价方式。高效阅读主要包括速读和精读[①]两个阶段。

1.速读阶段

速读即快速阅读,就是从文字读物中迅速提取有用信息的高效读书方法。“速读”主要是训练学生的阅读速度,使其获得更高的阅读效率,特别是培养学生独立思考和批判性思维的能力。速读阶段以提速为主,目的在于改变学生拖延的阅读习惯。

速读通用操作模式分为四个板块。第一板块:闪视训练。通过词语、句子、段落的闪视对学生进行关注力的调动,培养乐学品质。第二板块:眼脑机能训练。以对“眼脑”的训练,促使学生阅读器官的高度协调一致,发展学生集中注意力的能力。第三板块:通用固定程序阅读法。填写固定程序阅读单(包括题目、作者、出处、基本内容、重要事实、特点与争议、新思想和启示),采用“阅读项目集中”的方法,开发学生思维,明确阅读方向,让学生学会学习。第四板块:专项训练。进行具体的阅读训练(速读、品析感悟、复述、猜读),通过短时间内接受大量优秀文化的熏陶感染,学生在提高思想道德修养和审美情趣的同时,逐步形成良好的个性和健全的人格。

课堂具体操作步骤如下:

第一步:学生在进行闪视训练、眼脑机能训练并了解了通用固定程序阅读法后进行速读训练。学生记录阅读速度,闭目回忆一分钟,限时一分钟答题。

第二步:打开训练材料,将材料扣放在课桌上,不能翻看,待听到“开始”阅读的命令后进行默读(计时阅读)。

第三步:阅读完成后将材料扣放在桌子上,记下自己每分钟的字数即阅读速度,举手示意。

---

① 参见程汉杰:《程汉杰语文高效阅读教学法》,中国林业出版社2008年版。

第四步：举手示意后，闭目回忆文章内容 1 分钟。

第五步：打开检测题，限时 1 分钟答题。

第六步：交流答题情况，计算出阅读效率。

第七步：将阅读速度、理解率和阅读效率都记录在阅读表格上。

速读步骤完成后，进行指向学科素养的课堂速读评价，按照以下计算方法获得速读评价数据，然后填写速读评价表（见表 2-18）。评价数据计算方法为：

阅读速度＝文章的字数÷阅读所用时间（单位：字/分钟）

理解率＝得分÷100

阅读效率＝阅读速度×理解率（单位：字/分钟）

表 2-18　速读评价表

阅读材料	阅读速度	理解率	阅读效率	阅读时间

2.精读阶段

精读，就是学生在速读阶段了解文本大意后对文本进行细致深入的阅读与理解，学会思考并全方位地理解文意，最终表达自己的思想。根据语文学科特点，精读阶段的教学又分为品析感悟、复述、猜读和自能解读四个小阶段。这样，我们在通用模式的基础上共分四个阶段循序渐进地进行研究。每个阶段的操作都在通用操作模式之后进行。

第一阶段：品析感悟

品析是指体会加赏析，从某种事物中感受到一些内在的东西。感悟是指人们对特定事物或经历所产生的感想与体会，是一种心理上的感觉。它的表现形式不一，或渐悟或顿悟，或隐晦或彰显。真正的感悟来源于人的亲身经历与感受。不断的感悟会使人对人生、事物以及世界的看法发生改变。这里的品析感悟的基础是发现，具体指发现文章的精彩处、特别处、动情处、触发思考处等等。发现既依赖语感的敏锐程度，也依赖思维的指向或聚焦，还依赖“感官”的引导，同时少不了对文体诸要素的筛查。

在品析感悟阶段，教师主要培养学生独立思考和批判性思维能力，提升学生的思维品质并促进其文化积淀，增强他们的民族文化自信和价值观自信。具体操作模式如下：

首先,学生进行闪视训练、眼脑机能训练、通用固定程序阅读训练。

然后,学生进行品析感悟训练,此训练包括“感受精彩、感动心灵、感念阅读、感怀生活”四个环节。

环节一是“感受精彩”,涉及精彩内容(生动有趣的情节、真实感人的细节、印象突出的人物、精巧别致的结构、深刻鲜明的情思)、品析语言(新颖醒目的文题、生动贴切的词语、富含深意的句子、典型精彩的文段、别具内涵的标点)、五感描写(视觉、听觉、味觉、嗅觉、触觉)三大方面。

环节二是“感动心灵”,是指思想(真善美、假恶丑——是非曲直、价值判断)、情感(赞美、肯定与批判、否定——人格审美、态度情感)两大方面。

环节三是“感念阅读”,可以是单篇文章积累(主题或内容相同、相近、相反的课内外阅读材料),也可以是整本书积累(主题或内容相同、相近、相反的相同作者的文集或课外阅读整本书)。

环节四是“感怀生活”,包括联系生活(个人生活经历——发现自我,让文章激活生活积累;他人生活故事——关注他人,让文章照亮他人世界),感悟生命(思考与发问——探究文章的意义、发现文章的问题;感悟与提升——感悟生命的价值、提升生命的境界)。

根据所选文本内容及学习目标确定品析感悟每个环节的具体学习活动。品析感悟环节的操作模式及具体方法如表 2-19 所示。

表 2-19 品析感悟环节操作方式

操作模式	横向	单项感悟法
		比较感悟法
	纵向	单篇逐项感悟法
		组文综合感悟法

每一个阶段的学习都有指向学科素养的评价方式,品析感悟阶段的评价方式体现在以下两大方面(见表 2-20)。一是利用文本进行口头表达或者书面表达,要求言之有物(抓关键)、言之有理(讲道理)、言之有据(有依据)、言之有序(有条理);二是文本的使用包括以下几种方法:不呈现文本(完全依靠记忆,虽训练难度较大,但更有意义)、呈现文本(手持文章进行,虽难度变小,但表达更准确)、交替使用文本(宏观方面不呈现,语言品析可呈现)。

表 2-20　品析感悟评价表

表达要求	不呈现文本	呈现文本	交替使用文本
言之有物			
言之有理			
言之有据			
言之有序			

第二阶段：复述

复述本指以言语重复刚识记的材料，以巩固记忆的过程。这里的“复述”是指原文复述，在初中教材中被称为“重复性复述”。它是指尽量完整地保留原文的主要观点、主要情节、主要内容，并且不改变原文中材料的顺序。复述越接近原文越好，能够背诵原文最好。复述的目的是通过对文本内容的记忆和理解，培养学生读和说的能力，提高学生的语言表达力与思维发展力，增强学生的文化感受力。具体操作模式如下：

首先，学生进行闪视训练、眼脑机能训练、通用固定程序阅读训练。

然后，学生进行复述训练。复述训练包括抓过程、重细节和品析感悟三个环节。

环节一是抓过程，即整体感知过程。包括事件的先后，文章的行文顺序、线索，开头、结尾，或事情的起因、经过、结果。在整体感知后，采用“切火腿”的形式将文章分成几个部分，并且能够说清楚每个部分的核心内容。“说清楚”就是准确概括，最好能够像过电影一样，在脑海中把文章内容“浮现”出来。

环节二是重细节，就是抓住文章的关键段、关键句和关键词解读文意。抓关键段是把握体现事情发生过程的段落，其中有大量的人物语言与动作描写，可表现人物的性格特点；抓关键句就是找出总起句、过渡句、总结句、重点句（重点句指意思、内涵丰富的句子）；抓关键词就是将重点段落中的关键词提取出来（动词和形容词），体现“谁”“怎么样”。

环节三是品析感悟。内容同上所述，三个环节之间呈梯度式进行。教师在引领学生阅读的过程中，既帮助学生解读了文本、理解了内涵，又拓展了学生的视野，更对学生的思维进阶进行了实例引领。

复述阶段指向学科素养的评价方式与评价标准如表 2-21、表 2-22 所示。

表 2-21 原文复述导航表

课题:______________________ 时间:____________

技巧/序号	1	2	3	4	5
抓过程 切火腿					
重细节 抓关键					
品析 感悟					

表 2-22 复述评价标准

<table>
<tr><td rowspan="2">语言
表述</td><td colspan="3">语句通顺</td><td colspan="3">声音响亮</td><td colspan="3">声情并茂</td></tr>
<tr><td>非常
通顺</td><td>一般
通顺</td><td>不够
通顺</td><td>非常
响亮</td><td>一般
响亮</td><td>不够
响亮</td><td>非常
形象</td><td>一般
形象</td><td>不够
形象</td></tr>
<tr><td rowspan="2">尊重
原文</td><td colspan="3">条理清晰</td><td colspan="3">情节具体</td></tr>
<tr><td>条理
清晰</td><td>表述
一般</td><td>表述
混乱</td><td>非常
具体</td><td>有遗漏
情节</td><td>情节
梗概</td></tr>
</table>

第三阶段:猜读

猜读是指阅读主体(学生)阅读文章时以已知的内容为依据,以联想或想象为手段,推知文中未知领域的读书方法。也可以说,猜读是让学生在阅读中或阅读后去猜测、估计文章的结构脉络、情节发展、人物性格变化,尝试作出自己的判断,学习从不同角度进行发现、联想、阐发和探究。猜读阶段的训练让学生在发展语言能力的同时发展思维能力,学习科学的思想方法;同时主动进行探究性学习,激发想象力和创造潜能,在实践中学习和运用语文,不断学会创造丰富的精神世界。

我们常用的猜读类型有两种——重组式猜读和猜想式猜读。

重组式猜读是指根据已知的材料将文章加以组合,使其基本与原文文序相符。通常是将一篇文章的段落结构打乱,给学生一组文章“积木”,让学生根据自己的理解重新组织,并尽量使之与原文一致。其中包括段落重组(连续重组和间序重组)、全文重组。

猜想式猜读是根据文章中已经提供的信息,推测猜想文章未呈现的内容。包括内容猜想(猜题目、猜情节、猜语言)、形式猜想(猜开头、猜结尾、猜中间)、行列猜想(猜行、猜列)。

具体操作模式如下:

环节一是速读复述。包括简要复述和原文复述。简要复述即速读文章,感知大意。重点运用简要复述法对原文进行概括性复述,讲清楚文章脉络和基本内容。简要复述就是通过“抓主干,去枝叶”的方式,删去次要的、解释性和修饰性内容,保留主要内容;或对文章进行必要的概括或压缩,再用自己的语言加以组织并表达出来。简要复述有以下两种方法:一是读懂课文,理清思路。在认真阅读的基础上,抓住课文的主要内容,理解中心,把握文章的脉络。二是分清主次,把握要点。分清主次的标准是看课文各部分内容与中心的关系。原文复述在初中教材中被称为“重复性复述”(详细复述),它是指尽量完整地保留原文的主要观点、主要情节、主要内容,并且不改变原文中材料的顺序。复述越接近原文,越能够帮助阅读者准确地判断出猜想的内容。复述是文章内容、语言、情感的内化、重组和表达的过程。原文复述的具体操作方法同前所述。

环节二是细读标注。在细读文本、理清文章思路的基础上,标注文章中体现思路与线索的标志性词句;然后根据文章内容,标注出猜读点,即文章中提供的可以作为猜读依据的信息。

环节三是试猜讲述。可先检索猜点,即确定猜想的起始点。猜想不是凭空乱想,原文的有关材料是猜想的依据:或是文体本身,或是某个词语,或是某个段落,或是某条注释(猜读因子)。要注意,推断猜定(大胆假设)训练步骤应遵循先自猜后组猜的原则,最后是讲述猜证,即讲猜果、析猜因。

环节四是验猜品读。将原文的内容与猜想的内容作比较,品读鉴赏。当然,比较的结果可能一致,也可能不一致,还可能仅有某些方面一致。如果是一致的,说明阅读者准确地理解了猜想的那部分文本在全文的表达作用、结构作用;如果不一致,或者不完全一致,那么就可以深入思考原文在写法上的得失。

猜读阶段指向学科素养的评价方式如表 2-23 所示:

表 2-23 猜读评价表

课题:______________ 时间:______________

感受精彩	精彩内容	生动有趣的情节	
		真实感人的细节	
		印象突出的人物	
		精巧别致的结构	
		深刻鲜明的情思	
	品析语言	新颖醒目的文题	
		生动贴切的词语	
		富含深意的句子	
		典型精彩的文段	
		别具内涵的标点	
感动心灵	思想	真善美	
		假恶丑	
	情感	赞美、肯定	
		批判、否定	

第四阶段:自能解读

自能解读是指学生在教师的引领下,主动参与语言文字的阅读过程。学生通过对语言文字的深层感悟,在培养语感、发展思维和积累语言的同时,探究文本的精髓,完成创造性的意义建构,在阅读过程中得到精神的享受。教师在自能解读阶段要解决学生“不会解读”的问题,让学生在发展思维能力的同时,能独立自主地运用科学的方法进行探究性学习,解决“浅阅读、浅表化”问题;同时,激发学生的想象力和创造潜能,培养独立思考的能力,学会自主学习。

自能解读具体操作模式包括七个环节。

环节一是抓题目。包括以下元素:人即核心人物,事即核心事件,景即故事环境,物即核心物件,中心即思想情感。

环节二是理情节。包括理顺序,即判明顺叙、倒叙、插叙、补叙;抓线索,即理清物线、事线、人线、感情线、时间线、地点线、见闻线;看组合,即搞懂故事情节的组合,采用“切火腿”的方式,将文章切分成一个一个的小故事,使用恰当的词语对每个故事进行概括，然后串联起来。

环节三是知结构。文章结构就是文章架构，即文章思路，包括总分总、总分、分总、分分等结构形式。

环节四是辨细节。包括：动态造型，即运用动词对描写对象作动态造型，是细节描写中十分常见的方法；详略得当，即细节描写从塑造人物形象、表现生活真实的实际需要出发，有时可以写得详细，有时可以写得简略；还有就是借用标点。

环节五是析人物。一是抓住人物的身份、地位、教养进行分析；二是根据描写分析人物性格；三是从情节的展开和结局分析；四是结合背景，从人与人、人与物之间的关系分析；五是作比较，抓住人物主要性格特点进行分析。

环节六是赏语技。分析语言特色或其作用：可以从用词的角度赏析，比如选用贴切的动词、形容词等；可以从修辞的角度赏析，比如运用比喻、比拟、夸张、双关等修辞手法；可以从写作手法方面赏析，比如象征、对比、衬托、讽刺、欲扬先抑、前后照应、设置悬念、托物言志、直抒胸臆、借景抒情等；还可以注意句式的变换；等等。

环节七是明中心。一是写人的文章从分析人物入手——由“人”及“义”；二是写事的文章从分析事件入手——由“事”及“理”；三是写景的文章从分析景物入手——由“景”及“情”；四是利用记叙中的议论和抒情；五是面对复杂的记叙文，以主要人物为依据提炼其中心；六是要注意文题、文眼、开头、结尾与照应之笔；七是从过渡句段中找中心。

自能解读阶段指向学科素养的评价方式主要是利用文本考查学生对文本信息的筛选和处理能力。自能解读导航表根据文本的体裁特点分七个方面进行（见表 2-24）。

表 2-24　自能解读导航表

序号	解读步骤	
1	抓题目	
2	理情节	
3	知结构	
4	辨细节	
5	析人物	
6	赏语技	
7	明中心	

（二）学生核心素养的发展是促进高效阅读工具化的推动力

高效阅读对学生素养的提升结果该如何判断呢？我们是通过对学生核心素养能力的评价予以确定的。学年期末，学校对各班级的高效阅读情况分段（速读、品析感悟、猜读检测、自能解读）进行验收，作为对学生核心素养能力的综合评价，将其列入该班级期末考核。阅读检测资料上记录了每一份答题分数，计算出所查班级的平均阅读理解率，并予以电子存档，后将检测结果记录反馈给所查班级；同时，学校根据学期末的高效阅读验收情况进行研讨，改进高效阅读方法不完善的地方，发现问题及时处理、修正，让高效阅读成为发展学生核心素养的一条有效途径。

对于高效阅读方法的使用，我们也有明确的规定：一是高效阅读作为一种工具，在语文常态课上必须使用。无论是课前预习还是上课过程中，教师要根据学生学习需要和核心素养能力提高的要求，选取适当的高效阅读方法进行授课，以提高学生自主、合作学习的能力。二是高效阅读作为一种提速工具，要应用在阅读课上。无论是教材拓展阅读，还是名著阅读，都要进行速读练习，然后根据学生核心素养能力需要选择品析感悟、复述或者猜读等方法进行阅读，以培养学生自主阅读、快速提取阅读信息、善于思考的能力。三是将高效阅读作为单元拓展整合阅读工程的基本一环安排在新教材的使用中。教师利用高效阅读的五种方法帮助学生解决单元拓展整合中阅读量增大的问题，从而实现集中精力速读，提取有效信息，在深入思考过程中完成学习任务。

（三）高效阅读的连带效应

高效阅读成功地破解了传统阅读教学中的瓶颈问题，对于更快更好地提高阅读教学质量的作用毋庸置疑，特别是有效提升了师生的阅读素养，为学生核心素养的培养提供了基石。通过高效阅读，学生可以快速地获取知识和信息，培养了批判性思维、创新能力和综合分析能力。这些能力正是构成学生核心素养的重要组成部分。高效阅读不仅可以帮助学生建立扎实的知识基础，还可以培养其解决问题的能力，提高学习和工作效率，增强自主学习的能力，从而全面提升学生的核心素养。

我们坚持“以规律化为基本途径，以量化训练为重要手段，以系统化为根本保证”的原则，把如何提高学生高效速读、精读能力，如何利用当代高科技实现高效阅读教学现代化作为重点内容，采用有效措施，对学生进行专项高效阅读机能训练，让学生学会运用科学高效的阅读方法在有限的时间内完成海量优质阅读、这不仅在“三课型”阅读教学课堂中呈现出优势，而且提升了学生的人文素养，更好地落实了立德树人根本任务。

一是聚焦人文底蕴，助推学生核心素养的发展。通过高效阅读项目研究，教师明确把握了高效阅读教学的精髓，学生借助高效学习活动拓宽了学习空间，树立起新的阅读理念，培养了良好的阅读习惯，启发了心智，掌握了方法，提高了阅读、写作综合实力。同时，大量优质的阅读也丰厚了学生的文化积淀，让他们充满人文情趣和情怀，促进了身心健康成长。

二是聚焦核心能力，助推教师专业素质的提升。教师本着系统化和系列化原则进行高效阅读研究，文本解读能力得到提高，对学生阅读教学的指导能力也相应大大提高。“三课型”阅读教学模式的实践则更科学、更高效。同时，通过高效阅读项目研究，语文教师的阅读教学指导与评价的专业技能和科研能力也有所提高，“大语文”课程观促使教师逐步走向科研型、学者型。

三是聚焦内涵发展，助推学校办学特色的形成。高效阅读项目的落实，不仅体现在“三课型”阅读教学模式的实施中，更在“书香校园”建设方面起着举足轻重的作用。第一是营造浓浓的书香氛围。在文化环境的建设上，以美化景观布点、张贴名人格言、制作读书标语、设置校级和班级图书角等形式打造文化走廊，构筑文化载体，丰富文化视点。建设“橱窗文化”“标牌文化”“命名文化”以及“墙壁文化”等，让读书成为一种享受、一种校园文化、一种生活状态。第二是大大改善了读书条件。加大阅读投入，切实增加图书的藏量。加强设施建设，配备足够的书架、书柜、阅览桌椅以及报刊架。提高图书利用率，设立读书角，阅览室以全开架借阅为主。加强校园网的建设，设置相关链接，增设“书香校园”栏目，依托“师生博客”和“教师论坛”开展新书好书推介、时文美文共读、思想观点交流等活动。第三是组织了各种读书活动。我们以学科、年级组或办公室为单位，建立教师读书会，培植教师读书的自觉；以班级、年级为单位，建立学生读书会，培养学生读书的习惯。建立文学社、小记者、广播站、兴趣小组等社团和组织，培育学校读书氛围；组织读书沙龙，促进大阅读和大讨论。第四是建立了有效的阅读机制。根据校情和学情，我们按照“周月季年”的“四段阅读计划”，诵读古诗，赏析美文，阅读名著佳作。按照“写讲演节”的“四项活动计划”，鼓励学生撰写读书体会，开展读书演讲，组织情景剧表演，举办校园读书节；按照“师生家友”的“四项共读计划”，开展师生、生生、家长与学生共读，定期举办读书展示会。第五是加强了有效阅读引导。我们加强“晨诵、午读、暮省”引导，明确规定时间和数量，教师和学生均建立了阅读记录本。进行“阅读课堂”引导，每周设1课时阅读课（指导课、欣赏课、交流课、推荐课），就如何选书、如何正确阅读等对学生及时予以指导；师生各自利用“读书成长册”及时记录精彩片段、好词好句、名人名言、心得体会，每学期组织1次展示评比活动；实施“读写绘”引导，为学生在阅读深度和广度上予以拓展引导。第六是制定细化评价制度。学校将教师读书情况纳入教师考核，将学生读书情况纳入教师考核与学生评价;将班级读书情况纳入班级、级部考核;同时开展“读书明星”“书香班级”“书香家庭”“推动读书人物”等评比活动。

高效阅读的应用带动了全部学科的教学,由语文阅读辐射到全科阅读,由学校阅读辐射到家庭阅读甚至社区阅读,建构起一个综合联动阅读系统,促进了学校全面均衡发展,使学校从高效阅读走向高效教育。

经过三年的探索与实践,我们欣喜地看到:学生阅读速度更快、阅读效率更高,阅读总量大大提高;对阅读物能够自觉进行识别、吸收、理解、保留和回忆,掌握了阅读规律,提升了阅读解题能力;语文自学能力增强,并迁移到其他学科,为终身学习打下了坚实基础。同时,学生在阅读中能够自觉地进行感知、体悟和创造,养成了良好的习惯,增强了文化底蕴,提高了语文素养,实现了初中语文教育的目标——自能读书、自能作文,从而促进了自身的全面发展。就素养而言,学生们传承了中国传统文化;获取了知识,增加了阅历;明事理,得智慧;树立起正确的道德观、价值观和世界观;阅读能力与写作水平明显提高,核心素养得到充分发展,为健全人格的形成奠定了良好基础。就教师而言,高效阅读为课堂教学提供了一种有效授课途径,使教材教学与高校阅读教学有机结合起来,提高了教师自身业务素养,为个人专业发展提供了能量。在实践过程中,学校建立起以高效阅读材料为核心的语文课程资源库,提高了语文课堂教学效益。

高效阅读方法的加持,为“三课型”课堂有效阅读提供了有力保障,但在实践中也出现了若干问题。比如部分教师实施高效阅读的策略单一;在实际教学过程中,没有将高效阅读效益发挥到最大化。于是,我们要求更加多元地运用高效阅读,教师要加强对学生阅读的指导、引领和点拨,多元化运用高效阅读引领学生进行真实的阅读体验和思考;提倡多角度、有创意的阅读,利用阅读期待、阅读反思和批判等环节拓展思维空间,提高阅读质量。使师生都能受到情感熏陶,获得思想启迪,享受审美乐趣。

二、“整合教学”保证了教材开发的深广性

烟台市教科院《基于学科核心素养的初中语文课堂教学改革方案(试行稿)》明确提出,拓展、整合语文课程资源,丰富语文学科课程内容,为提升初中学生的语文核心素养奠定坚实的基础。依托国家统编教材课程内容与单元组织结构,采取补充、调整、拓展、整合等方式,构建符合“五四”学制教学特点、具有烟台特色的初中语文课程资源体系。补充、整合数字媒体资源、社会资源、大自然等各种资源,优化并纳入语文课程资源范畴,使语文学习的外延真正与生活的外延相等,培养学生具有较为开阔的知识视野和跨文化理解能力。”

整合教学，是指调整原来的教材篇章布局安排后重新组合教学内容的一种教学行为，是建构资源整合的阅读场。依据《义务教育语文课程标准(2022版)》中以语文核心素养为纲，完善课程目标体系，构建语文学习任务群，重组课程内容的要求，教师应站在课程建设的高度，深度开发教材，创造性地运用教材，多角度地统整教材，通过调整顺序、增删内容、课内外结合等形式，整合一切可以利用的教学资源，最大限度地使课堂教学师本化、班本化、生本化，让学生读到更适切的、更丰富的、更广博的、更优质的学习资料，进而实现以学定教、以教促学的教育理念。

整合教学有五种方式：一是单元之内整合，二是单元与单元之间整合，三是整册教材之间整合，四是不同学段教材之间整合，五是课内与课外拓展整合。在完善“三课型”教学结构模式过程中，整合教学是优化教学内容的必由之路。教材整合不仅仅停留在所涉教材之间的某个知识点或共同点，更多的是由个性到共性，由读文到识人，由阅读到写作，以达到在教学中立德树人、提升学生核心素养的目的。

在整个授课过程中，教师自主地开发语文教育教学资源，把“怎么学”的权利交给学生，学生与课程文本呈现一种互动的关系，学生不是被动接受“别人已经编排的教材”。这样就充分尊重了学生的学习主体地位，使其成为课堂学习的主人，自然学生的学习兴趣就会变得浓厚。

以九年级上、下册议论文单元整合教学为例。受教材编排的影响，低年级学习的议论文只是蜻蜓点水，因此刚刚升入九年级的学生对于议论文的知识了解很少，需要从“根”上给学生一个议论文的全貌。因此选择九年级上册议论文单元以完成议论文知识的学习，选择下册议论文单元用以巩固、深入学习议论文。

(一)举例：九年级上册

下面具体分析教材。九年级上册议论文单元共有六篇文章，包括《事物的正确答案不止一个》《应有格物致知精神》《谈读书》《不求甚解》《怀疑与学问》《中国人失掉自信力了吗》。遵循循序渐进的原则，本单元的学习做如下安排：

第一课时学习《中国人失掉自信力了吗》一文，目的是铺垫议论文知识的学习。之所以选择《中国人失掉自信力了吗》作为议论文单元的开篇，是想披情入文。人世间怎一个“情”字了得！所以从情感的角度学习一种新的文体，应该是比较容易产生共鸣的。第二课时安排《应有格物致知精神》一文，要使学生明白议论文的三要素，了解论点以及论证的两种方式。这篇文章是立论，与《中国人失掉自信力了吗》的驳论相对比，学生比较容易理解并掌握。第三课时是用一篇带三篇的方式学习，以《事物的正确答案不止一个》为主，带出对《谈读书》《不求甚解》《怀疑与学问》的学习,明确论点与论题的区别,学习论证方法及其作用以及议论文语言的特点等议论文知识。第四课时由情境引导,学习简单的议论文写作,目的是以读促写,让学生真正了解议论文这种文体。

(二)举例:九年级下册

九年级下册议论文单元包括《敬业与乐业》《最后一次讲演》《悼念玛丽·居里》《傅雷家书两则》四篇文章,属于议论文的应用范畴。我们依据教材安排,对本单元不同的议论类别选择不同的授课方式。

1.《敬业与乐业》

《敬业与乐业》一文采用高效阅读中的自能解读的学习方式。起初教师并不会告诉学生这是一篇演讲词,只是当作一般议论文进行教学,目的是让学生从议论文角度进行解读,熟悉知识点,了解本文语言风格,并与《最后一次讲演》进行风格上的对比,一起了解演讲词的特点。上课之初教师下发自能解读表格,让学生先自行解读填写,然后同位交流解读,最后小组解读。这样解读范围一点点扩大,目的是逐渐缩小疑惑点,最后把困惑点集中在一起。在这个过程中,老师巡视,个别解答,后面如有重复问题,让已经明白的同学为其解答,这样学生的注意力会集中,而且易于交流。之后推荐学生台上解读,他们既可以根据手中的自能解读表格逐条解读,也可以选择从论证思路入手,将七项内容解读完毕。解读过程中,老师和学生提问相关的问题,共同解决后,这篇文章的学习也就完成了。家庭作业设置的是本文的思维导图,如此设计一是为了让学生巩固白天所学,查漏补缺;二是看看学生在解读方面还存在哪些问题,以便在下节课上予以纠正或补充。老师还会介绍写作背景,以此导入《最后一次讲演》:同样是演讲,你看到的是不是同样情绪的演讲者?以此问题带领学生走进文本。

2.《最后一次讲演》

《最后一次讲演》用演讲的方式完成学习,共分两课时。

(1)第一课时——以读入情

一读:标序、字词划线、了解文学常识,介绍文章的写作背景。

二读:同位比赛,揣摩演讲者的语气(慷慨激昂)、情绪(极度愤慨、悲痛)。

老师问:大家见过的演讲者都有什么特点?答:脱稿,站着演讲,衣着庄重,辅助以表情和手势。老师提示:演讲者的语气、语调有什么特点?答:语调抑扬顿挫,语气轻重缓急,有声语言和肢体语言相结合。

三读:全体同学起立,前后位同学之间根据刚才的发现再读文章,可以一人一段地进行比赛。自我评价:刚才的演讲实践跟前面的有什么不同?答:比刚才语调更高亢,感觉更加淋漓尽致地表达了情感。

四读：请同学到台上演讲。任选课文中的一段进行即可。若没有人上台，老师问：大家可以推荐一位同学，你最想听哪位同学的演讲？答：王××。王××同学上台演讲第一段，语气平缓，表情也不严肃。老师示范课文第一句：“这几天，大家晓得，在昆明出现了历史上最卑劣最无耻的事情！李先生究竟犯了什么罪，竟遭此毒手？”语调低缓，语气沉痛，重读“最卑劣最无耻”“究竟”“什么”“竟”等字词。示范后，王××同学再读，有一点点进步，但语气和语调还是拿捏得不够准确。老师再示范整个段落，强调语气、语调加手势。学生恍然大悟，纷纷跃跃欲试。

第二课时——以言论情

老师问：说说你演讲文段时为什么用这样的语气语调。引导学生说出心中的感受，要表达的情绪。学生此时已经进入角色，他们要表达的情绪就是当时演讲者的心情。提醒学生不要忽略标点符号，重视句式（从语言的角度进行分析）对表情达意的作用。

老师问：本文用得最多的是感叹句，其次是疑问句（设问句和反问句），将这些感叹句和疑问句变成陈述句可不可以？作者表达心痛中的极度愤慨之情，只有通过感叹句和疑问句完成，才能令语调更有感染力。重点借分享语言的魅力之机，让学生体会演讲情绪爆发时语气的重要性。

当堂练习安排即兴演讲。要求学生自选话题，表明观点，要求观点明确，论据充分，语言有逻辑性，语气要与表达的情感相吻合。

课堂小结。老师问：这两篇演讲词读起来语气语调一样吗？（而不是问两文有什么区别）这样问，一是能令学生更感兴趣，二是具体有所指，因为区别有很多方面，学生不知该从哪里说起，所以，问题表述要具体，指向要明确。师：两篇演讲词语气语调为什么不同？答：因为演讲背景不同，听众不同，演讲目的不同。以此明确《敬业与乐业》文风循循善诱，侃侃而谈，推心置腹，语重心长，表达的是高兴、鼓励与期望，语气和蔼可亲；而在《最后一次讲演》中，闻一多先生则是痛斥特务，极度愤慨，表达的是悲痛、愤怒、希望。课后作业布置自能解读表格，是对课堂学习内容的巩固与梳理。

3.《悼念玛丽·居里》

《悼念玛丽·居里》则用自选自能解读或思维导图的方式完成学习。学生自学，可以用自能解读表格，也可以用思维导图；同位交流后学生模仿教师进行台前解读。这样安排，一来是因为本文简短，学生有能力自己完成；二来也是对学生自能解读的一个小测试；三来是给学生锻炼的机会，让学生树立学习的信心；四来是看看学生对于演讲词的解读还存在哪些问题，以便查漏补缺。学生自能解读完《悼念玛丽·居里》后，教师以“与《最后一次演讲》同是悼词，分别表达了作者怎样的情感”的问题对比两文情感,得出“《最后一次演讲》表达悲痛、愤怒、希望的情感;《悼念玛丽·居里》表达的是悲痛、钦佩、赞美的情感”的结论,从而完成对比阅读的教学目标。

4.《傅雷家书两则》

《傅雷家书两则》一文用写信的方式完成学习。老师以“议论文在我们的生活中运用非常广泛,就文体而言,除了演讲词、悼词以外,书信也常常用议论模式,看看《傅雷家书两则》中作者是如何表达自己的观点的”的问题作为主问题,带领学生完成文本解读。带着老师提出的问题,学生通读文章两遍:一遍掌握标序、识字解词、据课下注释了解作者出处及写作背景等基本知识;二遍侧重了解文章的写作思路。然后教师布置重点任务——根据文意以傅聪的身份写一封回信。这种安排既让学生学会书信格式,又能深入理解文意。学生只有读懂原文才可以在回信中有针对性,才会把傅雷的观点与嘱托及希望统统写出来。回信完成后,大家推荐一位同学到班上交流,生生评价,主要从内容方面评价有没有遗漏或者误解的地方,然后学生予以补充或纠正,必要时教师进行引导补充。讲解的同学先要与大家分享他的回信是从哪些方面回复的(引导大家用关键词概括文章内容),为什么从这些方面——此问题的讲解主要是带领大家疏通文意并分析文章(此问题有一定的难度,学生不一定都能理解,所以学生在听的过程中可以有自己的质疑)。其间有学生质疑:第一封信是写在傅聪消沉苦闷之时,第二封信是写在傅聪欣喜成功之时,两封信之间一定有什么联系,否则不会选择在同一文章中出现,但是二者之间的联系又是什么呢?这个问题提得非常好,正是老师要给学生讲的重要问题之一,现在借学生之口提出来,更有意义。这时候教师讲解是非常适时的,学生的理解会非常透彻:正视现实及保有赤子之心都需要坚强。文章的主旨明确了,其育人作用也水到渠成。这样遵循“问题从学生中来、到学生中去,出自学生、解决于学生“的原则,让学生觉得自己的需求得到满足,困惑得到解决,学习也就成了一种享受,同时思维打开了,个性化的学习也就产生了。

如此安排教学,让学生明确议论文在生活中的应用非常广泛,除了本单元的演讲词、悼词、书信之外,还有读后感。读后感的表达方式灵活多样,基本属于议论范畴,但写法不同于一般议论文,因为它必须是在读后生发感想。日记、随笔、杂谈、笔记、一般性政论文等等都可以用议论文的形式呈现。本单元的学习是根据各篇文章之间的内在联系安排的,可以打乱单元安排顺序,根据需要进行。

在个性化的单元整合教学过程中,我们采用了多元教法。虽然教无定法,但是贵在有法。教法既是多元的,也是有法可循的。在整合教学中我们常用的教学方法是“引”“导”“纠”“助”“联”。

“引”也可以说是诱发，就是引领学生说出心里的“相异构想”。什么是“相异构想”？教育理论上把学生由感性认识得出的偏离科学现象本质和科学概念的理想与想法称为“相异构想”。学生在学习新知识之前，头脑中并非一片空白，而是存在着各式各样的“相异构想”。“相异构想”阻碍了正确知识的接受，也错误地“同化”着一些新知识。因此，教师要高度关注、了解和暴露学生的“相异构想”，并设法对其进行改造、解决和清除。同时，我们还关注“每个人的学”。“每个人的学”至少包括三个方面：让学生充分参与学习，让学生平等享受学习，让学生可以进行个性化学习。很多时候一些看起来很热闹的课堂，往往只是教师与几名优秀学生在玩“智力游戏”，而其他的学生只是旁观者。这样，在表面精彩的背后却隐藏着可怕的危机，容易加剧两极分化。“导”就是疏导或者指导，即在学生遇到学习瓶颈时，用合适的方法进行点拨、疏导，帮助他们顺利进行学习。“纠”就是纠错，即学生有认知误区或知识点错误时，教师要适时进行纠正，让学生在学习过程中既温故又知新。“助”，顾名思义就是助力，即当学生学习遇到困难乃至教学设计推行有难度时，教师就要立即助力，用适当的方法帮助学生解决学习困难。“联”就是联系，即教师联系学生的学习现状、学习需求、现实生活、人生感悟等等，顺势进行知识拓展与德育挖掘。

总之，无论是整合教学，还是多元教法，都体现“以学为本”的理念。以学生为主体，就是以学生的“学”为主，关注每个人的“学”：积极参与学习，充分享受学习，尊重个性化学习。这些都不是孤立存在的，都有着必然的联系，并体现于每一节课的具体实践中。

三、“生生联动”保障了课堂教学的高效性

《基于学科核心素养的初中语文课堂教学改革方案（试行稿）》指出，要改革、优化课堂结构，建设基于语文核心素养的“生命课堂”，全面落实“以学为主”教学理念。语文阅读教学实施“读、助、议、结”四板块动态组合方式，切实改变阅读教学“老师讲、学生听”的弊端，让学生在课堂上“读起来”“学起来”“动起来”。杜绝各种各样的形式主义，让学生在课堂上规规矩矩地写字、清清楚楚地说话、仔仔细细地读课文、踏踏实实地做练习。构建和谐的师生关系、适切的学习环境和真实的语文情景，让学生在理解、运用祖国语言文字的活动和实践中，积累语言，培养语感，发展思维。进一步落实“五个还”教学策略，杜绝“满堂灌”“满堂问”“满堂练（题海战术）”等课堂形态，让学生做学习的主人。”

“生生联动”是指学生在课堂上互相交流思想、保持学习状态的一种学习模式，通过知识交流、情感表达、思维碰撞等产生知识的火花，有交流、分享、质疑、

争辩、促进、提升等特点，是在师生之间、生生之间进行的一种生命与生命的交往、沟通，是一个动态发展的教与学统一的交互影响和交互活动的过程。简而言之，就是教师做导演，把交流的舞台大胆交给学生。和谐的生生联动，加上教师的精心点拨、顺势引导，可真正实现"把课堂还给学生"的目标。学生不再被动接受知识，而是主动学习，积极思考，尽情表达，真正体现学习的主体地位，让学习真实发生。

"生生联动"的独特之处在于，不同于常规的师问生答、教师零敲碎问，它是教师创设恰当的情境，灵活地运用各种教学策略与手段，把学生带进一个强烈的情感场中，激活学生已有的情感体验，以情促思，再通过深层次的思维活动来促进情感的优化和升华，最终使学生的情思得到和谐发展，有效地促进学生的生命成长。学生在教师的主问题之下，自觉进行多方交流、阐述、疑问、发现。这样既节省了教师提问的时间，更重要的是激发起学生学习的强烈兴趣，会就着教师的问题环环相扣地发问、作答、质疑、收获，整个学习过程是学生自主完成的。其间若发现有疏漏、错误之处，教师可适当提醒、点拨、纠偏，师生共同完成学习目标。这样既节省时间，又激发了学生的思维，引发了学生的思考，提高了学生学习的参与度，让更多的学生甚至全部主动参与学习，大大提升了学习效果。

《义务教育语文课程标准(2022版)》的"课程理念"中第一条就是"立足学生核心素养发展，充分发挥语文课程育人功能"，这要求教师在教学过程中，必须以学生为中心，关注学生的成长需求，通过平等对话来了解学生的个体差异和个性发展，从而更有效地促进学生的全面发展。所以，"生生联动"就是建构学生认知冲突的对话场。在这个对话场中，教师避免零敲碎打，应精心设计主问题、次问题，形成系列问题树、问题串，以此引发学生的认知冲突，营造一个富有思维挑战的多维对话场；而学生则由被动接受变为在思维碰撞、观念交锋和智慧分享中获得长足发展，充分满足学生的认知需求。同时，"生生联动"又是建构情思互促的生命场。在这个生命场里，感性与理性完美结合的语文教学态势跃然而出，体现了情思交融的艺术之美。这也正是课程标准"尊重学生在学习过程中的独特体验""努力建设开放而有活力的语文课程"等要求的具体呈现。

在"生生联动"的过程中，教师的作用举足轻重，其看似"隐居"课堂，实则功不可没。常用的方式有"师生联动"和"生生联动"两种，其具体实施方法以如下两个课堂片段为例进行说明。

(一)"师生联动"模式示例(《枯叶蝴蝶》片段)

师：本文题目为《枯叶蝴蝶》，那么通过预习，你觉得什么是枯叶蝴蝶？

生:像生长在树枝上的一片干枯的树叶。

师:任何时候都这个样子吗?

生:不是,当它阖起两张翅膀的时候才是这个样子。

师:那你能不能用一个短语概括一下?

生:外形像枯叶。

师:概括能力很强。只是因为阖起翅膀时外形像枯叶,所以就叫作“枯叶蝴蝶”吗?

生:还因为它善于伪装成枯叶的样子。

师:你又说出了枯叶蝴蝶的一个特点,用文章里的一个词语来概括一下这个特点是什么?

生:装假作伪。

师:你对文章读得很仔细。既然是“装假作伪”,那枯叶蝴蝶是怎样伪装的?

生:它收敛了它的花纹、图案,隐藏了它的粉墨、彩色,逸出了繁华的花丛,停止了它翩翔的姿态,变成了一张憔悴的、干枯了的,甚至不是枯黄的而是枯槁的,如同死灰颜色的枯叶。

师:读得抑扬顿挫,真好!它为什么要装?

生:为了自我保护。

师:它的目的最终达到了吗?

生:没有。

师:结果怎样?

生:被捕捉,濒临灭绝。

师:有这样的结局,谁是凶手?

生:人。

师:人为什么要捕捉枯叶蝴蝶?

生:因为枯叶蝴蝶美丽。

生:善于伪装。

生:被制成标本,当作商品出售。

生:因为人的见利忘义。

师:读到这里,我们对枯叶蝴蝶的美丽、珍贵、善于伪装、濒临灭绝的特点已经明了,涌动在我们心中的是对枯叶蝴蝶可悲命运的唏嘘和担忧,把枯叶蝴蝶的濒临灭绝的命运归罪于人。那么,是不是枯叶蝴蝶本身就没有责任呢?

生:……

师:大家来看文末的三个自然段,一起读一下,注意读出作者在这里渗透的一种情感。

(生齐读)

师:如果枯叶蝴蝶不会伪装,如果它一直展示它的美丽,会不会被人类这样大量捕捉?

生:不会,我知道了,美丽的蝴蝶到处都有,但是美丽而又会伪装的蝴蝶却不多见。就因为它的与众不同,所以才让人意识到商机,所以才遭受濒临灭绝的厄运。

师:你分析得非常准确。这里作者笔锋一转,给我们一个新的见解——枯叶蝴蝶的厄运是咎由自取。你同意作者的观点吗?

生:同意。

师:作者在最后忧虑枯叶蝴蝶的命运的同时,发出了心底的呐喊——大家齐读。

生:我要我的翅膀两面都光彩夺目。我愿这自然界的一切都显出它们的真相。

师:读得非常整齐洪亮,我听到了一种来自心底的情感的迸发。枯叶蝴蝶心底的呐喊通过优美而深刻的语言表达出来。现在我们从理解句子含义的角度来赏析这些句子。先回顾一下我们以前练习过的从用词的角度赏析句子。请大家从用词的角度赏析第三自然段。

生:这段话中的“粉墨”“彩色”“憔悴”“枯槁”“死灰”等词用得好,写出了枯叶蝴蝶善于伪装的特点,为下面写其濒临灭绝做了铺垫。

师:这些词都是表示什么的词?

生:颜色。

师:这些都是枯叶蝴蝶什么状态的时候该有的颜色?

生:粉墨、彩色,是张开翅膀时的颜色;憔悴、枯槁和死灰是阖起翅膀时的颜色。这些颜色形成一个鲜明的对比。

师:说得好。颜色的对比,突出枯叶蝴蝶善于伪装的特点。

生:老师,我明白了,这些词用得好,它们形成鲜明的对比,突出枯叶蝶善于伪装的特点,为下面写枯叶蝶的可悲命运蓄势。

……

(二)“生生联动”模式示例(《珍珠鸟》片段)

师:你能根据文章第7～14自然段内容给小珍珠鸟起一个昵称吗?再用文章中具体的内容说说你的理由。

生1:同学们,我认为根据第7自然段内容可以给小珍珠鸟起一个名字叫“小胖胖”,因为文章说“它好肥,整个身子似乎一个蓬松的球儿”,大家觉得怎么样?

生2:生1同学,你给小珍珠鸟起的名字很好,但我觉得还可以起名叫“肥球”,你觉得呢?

生1:生2同学,我觉得你起的这个名字很有幽默感,那你为什么给小珍珠鸟起名“肥球”呢?

生2:因为“它好肥,整个身子似乎一个蓬松的球儿”。

生1:把小珍珠鸟说成是“蓬松的球儿”,这是用了什么修辞手法?

生2:运用了比喻的修辞。

师:因为用了比喻的修辞,忽然就有了“肥球”的昵称,非常形象。生1同学起名叫“小胖胖”,我把它改成“胖子”不行吗?

生3:我觉得“胖子”这个名字就显得小珍珠鸟不那么可爱了,甚至还有点讨厌的感觉。“蓬松的球儿”这个比喻本身就表现了小珍珠鸟外形的可爱,所以“小胖胖”一个“小”字,加上“胖”的叠音词,更能表现出小珍珠鸟的可爱喜人。

师:解释得非常清楚到位,“小胖胖”“肥球”都是从小珍珠鸟外貌的角度起名字的。那你给小珍珠鸟起了一个什么昵称呢?

生3:同学们,我给小珍珠鸟起的昵称是“淘气的小孩”,因为第8自然段说,“起先,这个小家伙只在笼子四周活动,随后就在屋里飞来飞去,一会儿落在柜顶上,一会儿神气十足地站在书架上,啄着书背上那些大文豪的名字,一会儿把灯笼撞得来回摇动,跟着又跳到画框上去了”。这些动作都能表现出小珍珠鸟的淘气,像一个“淘气的小孩”,大家认为我说得对吗?

生4:生3同学,我觉得应该是“淘气的小鸟”,不应该是“淘气的小孩”,你觉得呢?

生5:生4同学,我觉得还是生3同学起的名字好。“淘气的小孩”是把小珍珠鸟拟人化了,更能表现出它的淘气来,感觉像真的一样,而“淘气的小鸟”少了一些灵动与可爱,你同意吗?

生4:我们听听大家的意见吧,同学们觉得这两个名字哪个更贴切呢?

生齐:同意“淘气的小孩”。

师:无论是“淘气的小孩”还是“淘气的小鸟”,都有一个共同点是“淘气”,现在我们就用“淘气”这个词,大家想想再加上别的词,变成另外可爱的昵称。聪明的你,会怎么加呢?

生6:“淘气包”,大家说怎么样?

生7：我给它起名字叫“小淘气”，大家还有更好的称呼吗？

生8：生7同学，我给小珍珠鸟起名叫作“淘气鬼”，你觉得怎么样？

师：大家集思广益，给小珍珠鸟起的昵称各不相同，但是都有一个共同点就是“淘气”，这个“淘气”是从小珍珠鸟的动作中体现出来的，大家看，前面说的“可爱”是从小珍珠鸟的外貌来的，这里的“淘气”是从小珍珠鸟的动作来的。所以，我们在写作的时候，也要抓住所写人或物的特点，从不同角度运用不同的写作手法，比如外貌描写、动作描写，并运用恰当的修辞手法真实而具体地展现出来。

四、“交流切磋”实现了成果推广的联动性

初中语文“三课型”阅读教学模式的探索实践前后历经九年的时间，从我校初中学段四个年级语文学科的探索、实践到海阳市初中学校语文学科的推广，均获得一系列好评。2012年11月，海阳市教学研究室为落实烟台市教科院《关于大力推行语文“大量读写、双轨运行”教学模式　深化阅读教学改革的实施意见》，在我校召开初中语文阅读教学调度暨教材整合推广会，现场观摩了基于教材整合研究成果“预习课—展示课—拓展课”授课模式的阅读教学公开课，并实地考察了相关研究情况。海阳市各初中语文学科分管领导、中心教研组组长、海阳市初中语文骨干团队成员共八十余人参会，对“三课型”阅读教学模式的研究成果均予以好评。徐家店初级中学、里店初级中学、实验中学等学校纷纷与我校进行校际“三课型”阅读教学模式、高效阅读、生生联动等方面的交流切磋。笔者作为授课代表不定期地分别到上述学校送课、交流经验，上述学校定期派骨干教师到我校听评课，进行同课异构活动。由此，我校“三段式”阅读教学模式成果也通过此四所学校向其他学校辐射推广。

我校校长分别在烟台市教科院组织的“教科研之旅——莱州行”活动、山东素质教育论坛作经验交流；其中，《以课题研究为载体　科学推进语文教研教改》于2012年10月被收录在山东省素质教育论坛经验交流材料(2012)中；《专业定向　课题引领　打造有影响力的教育科研团队》一文于2013年11月被收录在烟台市第七届教育科研工作会议交流材料中；《“三段”教学让课堂更高效》于2014年6月被收录于《和谐高效思维对话型课堂建设优秀成果丛书(综合经验卷)》(经验交流材料见附录)。

另外，学校充分利用烟台名师资源，响应烟台市教师工作科工作部署，根据海阳市教师工作科的工作要求，成立曲新美名师工作室。工作室成为联结协作创新的纽带，在推行课堂教学结构改革中作出了表率，起到了极大推动辐射作

用。曲新美名师工作室成员于2018年11月赴威海七中，与王瑞琴名师工作室成员就课堂改革思路与课堂教学效率问题进行交流提升、区域推广；于2018年12月在海阳市二十里店镇初级中学举办同课异构活动，大大推进了“三课型”阅读教学模式的优化进程，推动了课堂教学结构的变革。

五、“全科应用”扩大了成果辐射的实效性

初中语文“三课型”阅读教学模式的研究取得成效后，被应用在了我校其他学科的教学上。学校组织相关学科骨干教师，先根据语文“三课型”阅读教学模式讨论出本学科的“三课型”课堂教学模式，然后再进行实践、探究、提升、完善，最终形成体现各自学科特点的“三课型”课堂教学模式。

政治学科的预习课上，学生可以预习政治理论、政治制度和政治事件，对相关的文献和资料进行研究，也可以通过阅读教科书、观看视频、在线学习等方式来获取知识。分享课上，教师可以进行政治理论和制度的讲解，引导学生进行政治现象的观察、分析和讨论，从而让学生了解政治的发展和影响，加深对政治知识的理解和掌握。拓展课中，教师可以引入更多的政治问题和实际案例，如政治经济、政治文化等，培养学生的政治思维和分析能力。教师可以组织学生进行政治调查和研究，提供更多的政治实践活动。学生则可以进行政治分析和评价，强化对政治理论的理解和应用。

数学学科的预习课上，学生可以预习数学概念、定理和公式，并进行相关的习题练习，也可以通过阅读教科书、观看视频、在线学习等方式来获取知识。分享课上，教师可以进行数学知识的讲解和案例分析，让学生了解解题方法和思路，学生可以参与讨论和提问，加深对数学知识的理解和掌握。拓展课上，教师可以引入更多的数学问题和实际应用，如数学建模、数学推理等，培养学生的问题解决和创新能力。教师可以组织学生进行数学竞赛和数学游戏，提供更多的数学实践活动。学生可以进行数学证明和推理，强化对数学原理的理解和应用。

英语学科的预习课上，学生可以预习英语课文和相关语法知识，并进行词汇和语法的练习，也可以通过阅读教材、听力练习、在线学习等方式来获取知识。分享课上，教师可以进行英语课文和语法的讲解，组织听力和口语的练习，让学生了解语言的使用方法和技巧。学生可以参与对话和演讲，加深对英语知识的理解和掌握。拓展课上，教师可以引入更多的英语问题和实际应用，如英语写作、英语演讲等，培养学生的语言表达和创新能力。教师可以组织学生进行英语角对话和英语剧，提供更多的英语实践活动。学生可以进行英语作文和口语演讲，强化对英语语言的理解和应用。

物理学科的预习课上,学生可以预习物理概念、定律和公式,并进行相关的习题练习,也可以通过阅读教科书、观看视频、在线学习等方式来获取知识。分享课上,教师可以进行物理知识的讲解和案例分析,也可以进行物理问题的解答,让学生了解解题思路和方法。学生可以参与讨论和提问,加深对物理知识的理解和掌握。拓展课上,教师可以引入更多的物理问题和实际应用,如物理实验、物理模型等,培养学生的实验和创新能力。教师可以组织学生进行物理实验和数据分析,提供更多的物理实践活动。学生可以进行物理模型的建立和验证,强化对物理原理的理解和应用。

化学学科的预习课上,学生可以预习化学概念、反应原理和实验操作,并进行相关的习题练习,也可以通过阅读教科书、观看视频、在线学习等方式来获取知识。分享课上,教师可以进行化学知识的讲解和案例分析,也可以进行化学问题的解答,让学生了解解题思路和方法。学生可以参与讨论和提问,加深对化学知识的理解和掌握。拓展课上,教师则可以引入更多的化学问题和实际应用,如化学实验、化学工程等,培养学生的实验和创新能力。教师可以组织学生进行化学实验和数据分析,提供更多的化学实践活动。学生可以进行化学反应的设计和优化,强化对化学原理的理解和应用。

历史学科的预习课上,学生可以预习历史事件、人物和文化,并对相关文献和资料进行研究,也可以通过阅读教科书、观看历史纪录片、在线学习等方式来获取知识。分享课上,教师可以进行历史知识的讲解和案例分析,引导学生对历史事件进行观察和分析。同时,教师可以组织围绕历史人物和文化的讨论,让学生了解历史的发展和影响。学生可以参与讨论和辩论,加深对历史知识的理解和掌握。拓展课上,教师可以引入更多的历史问题和实际案例,如历史考古、历史地理等,培养学生的历史思维和分析能力。教师可以组织学生进行历史调查和研究,提供更多的历史实践活动。学生可以对历史事件进行解读和评价,强化对历史知识的理解和应用。

地理学科的预习课上,学生可以预习了解地理概念、地理现象和地理技术,并对相关地图和数据进行分析,也可以通过阅读教科书、观看地理视频、在线学习等方式来获取知识。分享课上,教师可以进行地理知识的讲解和案例分析,引导学生对地理现象进行观察和分析。同时,教师可以围绕地理技术及其应用进行讲解,让学生了解地理技术的应用和影响。学生可以参与讨论和提问,加深对地理知识的理解和掌握。拓展课上,教师可以引入更多的地理问题和实际案例,如地理研究、地理环境等,培养学生的地理思维和实践能力。教师可以组织学生进行地理调查和数据分析,提供更多的地理实践活动。学生可以进行地理模型的建立和验证,强化对地理知识的理解和应用。

生物学科的预习课上，学生可以预习生物学的基础知识，如细胞结构、遗传原理等，并做好相关实验的准备工作，也可以通过阅读教科书、观看视频、在线学习等方式来获取知识。分享课上，教师可以进行生物学知识的讲解和案例分析，也可以进行生物实验的演示，让学生了解实验的原理和操作过程。学生可以参与讨论和提问，加深对生物学知识的理解和掌握。拓展课上，教师可以引入更多的生物学问题和实际应用，如生物技术、生态环境等，培养学生的探究和创新能力。教师可以组织学生进行实地考察和调查研究，提供更多的生物实践活动。学生可以进行实验设计和数据分析，强化对生物学原理的理解和应用。

各学科“预习课—分享课—拓展课”“三课型”教学模式的应用，激发了学生对各学科的兴趣和学习主动性，加深了对知识的理解和掌握，培养了相应的学科思维和实践能力。同时，学生也可以通过实践活动和探究性学习，加深对学科的认识和应用，提高学科综合素养和创新能力。

第三章 “三三三的指归”:“三阶段”项目化教学结构模式的确立

在《义务教育课程标准(2022 版)》的要求下,单纯的学科教学已经不能很好地满足提升学生核心素养的要求,所以,跨学科学习作为一种大单元教学模式越来越受欢迎,已经成为当今教育领域的重要趋势。我校在“三环节”“三课型”课堂教学模式的基础上,探索了“三阶段”项目化教学模式,有效地实现了从单纯强调课堂知识的学习走向更重生活环境中的实践的转变,有助于学生活用课堂知识,更好地为社会生活服务。其实践过程如下。

首先,明确跨学科学习的意义。一是可以提供更全面的知识和技能:跨学科学习可以让学生从不同学科中获取知识和技能,帮助他们更全面地理解问题和现象,提高综合应用能力。二是培养学生的创新思维:通过将不同学科的知识和概念的整合,学生可以培养跨界思维和创新能力,从而更好地应对未来的挑战和机遇。三是解决复杂问题:许多现实世界的问题往往涉及多个学科领域,跨学科学习可以帮助学生更好地理解和解决这些复杂问题。四是强化学习意义:跨学科学习可以增强学生对知识的兴趣和认识,使学习更有意义、更加深入。因此,学校开始重视跨学科学习的探索、实践和推广,让学生可以更好地适应未来社会和职业的需求,获得更全面的教育和发展。

其次,明确“项目化”学习的意义。传统的教学模式往往是以教师为中心,学生被动地接受知识,缺乏实际操作和实践能力的培养和训练。而项目化教学则是一种基于项目的学习方式,通过组织学生自主设计、实施和评估项目,培养学生的创造力、团队合作能力和问题解决能力。在教育改革的大背景下,项目化教学成了一种重要的教学模式。项目化教学能够激发学生的学习兴趣和动力,提高他们的自主学习能力和实践能力。通过参与项目,学生能够在实践中掌握知识和技能,培养解决问题的能力和创新思维。同时,项目化教学也能够促进学生的团队合作能力和沟通能力,培养学生的综合素质。

再次,探索“项目化”学习的实施步骤。在项目化教学的探索过程中,教师需要将传统的教学模式转变为项目化教学模式,需要重新设计课程和教学方法。教师要引导学生选择适合的项目主题，指导学生制定项目计划和实施方案，同时给予有效的评估和反馈。在探索过程中，教师也需要不断总结经验，改进教学方法，以提升项目化教学的效果。项目化教学的实施分为三个阶段：准备阶段、执行阶段和总结阶段。在准备阶段，教师需要确定项目的主题和目标，引导学生进行项目计划和预研，为项目的执行做好准备。在执行阶段，学生按照计划推进项目实施，教师需要给予指导和支持，确保项目的顺利进行。在总结阶段，学生和教师一起对项目进行评估和总结，总结项目的经验和教训，为下一次项目实施做好准备。这三个阶段的实施可以有效地促进学生综合素质的培养，提升教学效果。

最后，确立“三阶段”项目化教学模式。我们以学科融合的方式实现学科之间的交流合作，培养学生的跨学科思维，提升他们的综合能力。在实践过程中，学校逐步确立了“项目化教学”模式。教改初期采用的是“任务驱动”教学法，后来在实践中不断进行修正、完善，最终确立“任务规划——指导调度——展示评估”的“三阶段”综合育人的项目化教学结构模式。

第一阶段是任务规划，包括创设情境、明确任务和制定方案。明确的任务可以激发学生的学习兴趣和动机，激发他们的学习乐观性和主动性。因此，任务的设置应该结合学科特点和性质，选择与学习目标相关的能力点，或者选择与当前学习主题密切相关的真实事件或问题作为学习的核心内容。这样可以让学生面对一个需要立即解决的现实问题，通过情景剧、案例、问题或故事等方式创设学习情境，有效地激发学生的联想能力，唤起他们原有的知识和经验，从而使他们能够利用这些知识和经验去理解并应用新的知识。这样的学习活动可以将原本在学校课堂上的活动变成家庭或社会课堂活动，从而让学生在活动中动脑、动口、动手，进行具有制作性和创新性的活动。学习任务可以由教师制定，有时也可以由师生共同确定，无论采取何种方式，都需要确保任务目标的明确。一旦任务明确，学生可以自主或协作制定详细的任务实施方案，明确完成任务所需的时间、人员、地点、数量以及需要查阅的资料，包括可能需要的计算、翻译、测量、记录、实验、思辨等内容，并将这些内容填写在规划量表中。明确任务并制定详尽合理的规划，可为后续任务的完成奠定良好的基础。

第二阶段是指导调度，包括自主协作、点拨引导、过程督进、修正完善。学生根据任务规划量表，进行任务学习。根据学习任务的不同类别，有自主学习和协作完成两种方式，既可锻炼学生独立解决问题的能力，又能帮助学生学会团结协作、共同提高。在完成任务的过程中，教师起着指导、督查、帮扶的作用，解答学生在实施过程中遇到的问题，同时督促任务完成进度，纠偏纠错，提高学生的应知应会率，在助力解决问题和完成任务的过程中提高学生的综合能力。

教师指导,是指教师利用各种课型进行方法指导,可以是随机渗透,也可以是专题讲解;可以是一节课,也可以是几节课;可以是个体指导,也可以是整体指导。有的时候教师不直接告诉学生应当如何去解决面临的问题,而是由教师向学生提供解决该问题的有关线索,如需要搜集哪一类资料、从何处获取有关的信息资料等,强调发展学生的“自主学习”能力。同时,倡导学生之间的讨论和交流,通过不同观点的交锋,补充、修正和完善针对当前问题的解决方案。过程中教师设置适宜的活动,比如外出观察、调查、寻访等等,或者布置假期实践性作业。教师根据任务数量与任务分量确定学生完成时间,可以是一周、一个月或者几个月,甚至一个学期、一个学年。

第三阶段是展示评估,包括成果呈现、评估检测、拓展提升。对实践成果进行展示,本身就是一种评价,这个阶段教师的作用就是帮助推动成果展示。教师可为学生搭建一个呈现成果的平台,呈现学生的任务成果、思想感受、学问理解、共性特长等等。呈现的过程依据不同的状况,可全员依次呈现,也可小组代表呈现;可面对面呈现,也可通过网络呈现;可在学校呈现,也可在家庭或社区呈现。对学习成果的评价主要包括两部分内容,一方面是对学生完成当前问题解决方案的过程和结果的评价,即对所学知识的意义建构的评价,另一方面是对学生自主学习及协作学习能力的评价。这样就可以推动学生将学校课堂所学与社会实践有机结合起来,将课堂学习与终身学习联系起来,激发学生的学习欲望,变被动接受学问为主动寻求学问,学以致用,好学乐学。

第四章 “三三三”课堂语文教学设计案例

在“三三三”课堂教学结构变革过程中，每个阶段都催生出大量的课堂实例，学校已经分别建立相关课型的电子备课资源库，以供各年级教师共享并在此基础上进行二次备课、三次备课，从而更加有效地提升备课质量，为课堂教学模式的扎实实施提供有力保障。现将“三三三”每个阶段的课堂教学典型案例列举如下。

第一节 “三环节”课堂教学设计案例

“三环节”课堂教学案例分别选择现代文阅读和文言文阅读导学案为例，以全面展示“三环节”教学的具体过程。

一、现代文阅读导学案——《枯叶蝴蝶》

《枯叶蝴蝶》教学设计

【学习目标】

(一)正确、流利、富有感情地朗读课文，感知课文内容，领会作者的写作意图。

(二)学会赏析和理解文章作者通过诗意而哲理的语言表达情感的方法。

(三)培养崇尚真善美的思想意识和爱护动物、保护环境的意识。

【探学】

(一)课前了解(2 分钟。掌握划线处内容，余者了解即可)

1.了解作者

徐迟(1914～1996)，原名商寿，浙江吴兴(今湖州)人，当代诗人、作家。早年从事文学编辑工作。20 世纪 30 年代开始诗歌创作，1936 年出版诗集《二十岁人》，具有现代派诗风。后亦创作散文，并从事文学翻译工作。20 世纪 60 年代起创作《祁连山下》《地质之光》《歌德巴赫猜想》《生命之树常绿》等报告文学作品，歌颂优秀知识分子的献身精神，影响广泛。

2.了解“枯叶蝴蝶”

枯叶蝴蝶又名“木叶蝶”或“枯叶蛱蝶”，是鳞翅目蛱蝶科蝶类的一种。它形似枯叶，是世界著名拟态的种类，自然伪装的典型例子。体长约30毫米，翅展不过65毫米，停在枝干上是头朝下的，酷似一片下垂的枯叶，足以乱真。在我国，枯叶蝴蝶产于南方省区，在四川峨眉山较多，其幼虫生活在马蓝和蓼蓝等植物上。

（二）有感情地朗读课文，在各段前标上序号，并完成下列各题（15分钟）

1.给加点的字注音或写汉字。

阖（　　）　收敛（　　）　逸（　　）出　枯槁（　　）

憔悴（　　）　行径（　　）　濒（　　）临　装模（　　）作样

逃 yì（　　）　áo（　　）翔

2.解释下列词语。

枯槁：

收敛：

行径：

阖：

逸：

3.本文作者是__________，是当代________。

4.选择你喜欢的方式再读课文，说说你认为这是一只怎样的蝴蝶？请从文中找出文字依据。

（　　　　　）的枯叶蝶，依据：

（　　　　　）的枯叶蝶，依据：

（　　　　　）的枯叶蝶，依据：

（　　　　　）的枯叶蝶，依据：

【展学】

（一）借助枯叶蝴蝶可悲的命运，作者阐明了一个哲理，请从文章中找出阐明哲理的句子。（5分钟）

（二）本文的语言优美、精练而含义深刻，请先默读课文，然后根据示例，在文中任选两个喜欢的句子从理解含义的角度进行赏析。要是能背诵自己喜欢的句子你会更棒哦。（15分钟。如果时间允许，可以在完成所有的预习内容后小组内交流）

温馨提示——理解文中句子含义的方法主要有：

①抓住句子中的关键性词语进行品味。

②联系上下文来理解。

③联系文章主旨理解句子的深刻含义。

④用比喻、象征意义去理解。

⑤从联系时代背景来理解。

示例:“国家的禁止更增加了它的身价。枯叶蝴蝶真是因此而要绝对地绝灭了。”

语句中的“更”一词进一步地表现了一些见利忘义者置国家的法律于不顾,为金钱铤而走险。表明作者对枯叶蝴蝶命运的忧虑、对利欲熏心者的愤恨。

我最喜欢的句子:

(1)______________________________。因为____。

(2)______________________________。因为____。

【省学】

(一)课堂检测(5分钟。自测后小组内互换批阅,由组长主持;对于出错较多的地方,应及时巩固)

1.根据拼音写出汉字。

逃 yì(　　)　áo(　　)翔　枯 gǎo(　　)　hé(　)起

收 liǎn(　　)　qiáo cuì(　　)(　　)

2.根据原文填空。

(1)它(　　)了它的花纹、图案,(　　)了它的粉墨、彩色,(　　)了繁华的花丛,(　　)了它翱翔的姿态,(　　)了一张憔悴的、干枯了的,甚至不是枯黄的而是枯槁的,如同死灰颜色的枯叶。

(2)它这样伪装,是为了保护自己。(　　)它还是逃不脱被捕捉的命运。(　　)因为它的美丽,(　　)因为它那用来隐蔽它的美丽的枯槁与憔悴。

(二)质疑与收获(3分钟)

你在文意理解或写法方面有哪些收获或者质疑,请写下来与大家分享、讨论。

二、文言文阅读导学案——《记承天寺夜游》

《记承天寺夜游》教学设计

【学习目标】

(一)疏通文意,识记常用的文言词语。

(二)欣赏文中清幽宁静的意境,背诵全文。

(三)结合文章的创作背景,品读“闲人”含义,体会作者乐观旷达的胸怀。

【探学】

(一)课前了解(在需要记忆的内容下划线并速记,3 分钟)

1.走近作者

苏轼(1037~1101 年),字子瞻,号“东坡居士”,世人多称其为“苏东坡”;汉族,眉州人(今四川眉山,北宋时为眉山城);北宋著名文学家、书画家、词人、诗人、美食家,豪放派词人代表;与父苏洵、弟苏辙并称为“三苏”,为“唐宋八大家”之一。苏东坡在诗、词、赋、散文方面均成就极高,且善书法和绘画,是中国文学艺术史上罕见的全才,也是中国数千年历史上被公认的文学艺术造诣最杰出的大家之一。

2.写作背景

本文写于宋神宗元丰六年(1083 年),当时,作者被贬谪到黄州已经有四年了。元丰二年七月,御史李定等摘出苏轼的有关新法的诗句,说他以诗讪谤;八月,将他逮捕入狱。经过长时间的审问折磨,苏东坡差一点丢了性命。此乃历史上有名的“乌台诗案”。十二月作者获释出狱,被贬谪到黄州任团练副使,但不得“签书公事”,也就是说做着有职无权的闲官。

在这种情况下,作者写了这篇短文,对月夜的景色进行了美妙的描绘,真实地记录了他当时生活的一个片段,也体现了他和张怀民间的深厚友谊,抒发了无限感慨。

3.资料链接

张怀民,1083 年被贬至黄州,初寓居承天寺。张怀民虽屈居主簿之类的小官,但心胸坦然,决不挂怀贬谪之事,公务之余,以山水怡情悦性,处逆境而无悲戚之容,是位品格清高超逸的人。

作者只寻张怀民,一方面表明他志趣高雅,而世上庸俗之人太多,少有志同道合者;另一方面也暗示其处境,无人敢与之交往,与下面的“闲人”相应。

（二）初读课文，借助课下注释和工具书，疏通文意，理解下面字词的意义（12 分钟）

欣然：

念：

遂：

至：

寝：

相与：

步：

空明：

交横：

闲人：

【展学】

（一）细读课文，翻译句子（8 分钟）

1.月色入户，欣然起行。

2.念无与乐者，遂至承天寺，寻张怀民。

3.何夜无月？何处无竹柏？但少闲人如吾两人者耳。

4.庭下如积水空明，水中藻荇交横，盖竹柏影也。

（二）精读课文，回答下列各题（12 分钟）

1.作者为什么想着在初冬的夜里走出户外？

2.你认为“闲人”是指什么样的人？“闲人”指谁？为何作者自称“闲人”？

3.“闲人”二字表现了苏轼怎样的复杂情感？

【省学】

(一)当堂检测(8分钟)

试背原文(先同位互相试背,然后背默,互相检查后订正)。

(二)质疑与收获(2分钟)

谈谈本节课在课文理解方面的收获,或者将自己的疑惑写下来与大家一起解决。

第二节 “三课型”课堂教学案例

“三课型”阅读教学模式,从形式上,是每一篇课文都按照“预习课、分享课、拓展课”三个课型分三课时进行;从内容上,教师常常要进行单元整合教学,从表现主题、表达情感、写作手法、人物塑造等方面进行整合,以达到拓展阅读和有效写作的目的。下面分享爱国主题的两个教材阅读导学案。

一、现代文阅读(爱国主题)导学案——《最后一课》

《最后一课》教学设计

【学习目标】

(一)能够结合小说背景理解“最后一课”的含义。

(二)学习本文通过人物的语言、动作、心理等描写方法塑造人物形象、表达人物情感的方法;能找到文章中的矛盾冲突所在并学会用制造矛盾冲突的方法让自己的文章跌宕起伏。

(三)能够懂得母语和国家之间的关系,树立热爱汉语、学好汉语的意识,培养自己的爱国感情。

【学习重难点】

在分析人物形象过程中体会法国人民的爱国情感,在体会爱国情感中学会将文章写得波澜迭起、扣人心弦。

预习课

【预习目标】

(一)尝试结合小说背景说说“最后一课”的含义。

(二)揣摩本文通过人物的语言、动作、心理等描写方法塑造人物形象、表达人物情感的方法。

(三)初步理解母语和国家之间的关系,树立热爱汉语、学好汉语的意识,培养自己的爱国感情。

【预习时间】

一课时。

【预习内容】

(一)课前了解(2分钟,仔细阅读下面的资料,勾画出你认为重要的信息并识记)

1.作者简介

阿尔丰斯·都德(1840～1897年),法国19世纪著名小说家。生于工厂主家庭。做过教师。1857年开始文学创作。26岁时发表短篇小说集《磨房文札》,两年后,他的第一部长篇自传体小说《小东西》出版,获得巨大成功。1870年,普法战争爆发,都德应征入伍。战争的爆发,民族爱国主义的高涨,对他的创作产生了很大影响,其《最后一课》《柏林之围》成为世界著名小说。1873年发表的《最后一课》显示了他在创作上所达到的新境界,是其短篇小说的代表作,在全世界广为流传,许多国家都把它列入语文教材。

2.写作背景

《最后一课》写于1873年,当时普法战争刚结束两年。1870～1871年,普法战争爆发——法国国王拿破仑三世为了阻遏普鲁士用武力统一德意志联邦的行动,维护法国在欧洲的霸权,故发动了战争。但不到两个月,法军即告大败。普鲁士军队长驱直入,包围了巴黎。法国政府执行卖国政策,与普鲁士签订了屈辱的停战协定,赔款50亿法郎,并把阿尔萨斯和洛林东部地区割让给普鲁士。

课文以沦陷了的阿尔萨斯的一个小学被迫改教德文的事为题材,通过描写最后一堂法文课的情景,刻画了小学生小弗郎士和乡村教师韩麦尔的典型形象,反映了法国人民深厚的爱国情感。

3.文体知识

小说属于叙事性文学体裁,是以塑造人物形象为中心、通过完整的故事情节和典型环境描写来反映现实生活的一种文学体裁。按篇幅、容量,小说可分为长篇、中篇、短篇和微型四类。

小说三要素:人物(通过外貌、语言、动作、心理、神态、细节描写来塑造人物)、情节(序幕、开端、发展、高潮、结局、尾声)、环境(社会环境:交待时代背景;自然环境:交待人物活动的时间、地点、景物,烘托气氛,表现人物性格、感情)。

(二)走进文本(38 分钟)

1.初读课文——整体感知(14 分钟)

(1)请在高效速读后完成下列内容。

①本文的题目是________________。

②本文的作者是________________。

③本文的出处是________________。

④本文提到的战争是哪两国之间的战争?(　　)

A.英法　　B.美俄　　C.普法　　D.德法

⑤小弗朗士上学路上遇到了什么(多选题)?(　　)

A.许多人在镇公所看布告牌　　B.德国士兵正在操练

C.铁匠和他的徒弟在看布告　　D.画眉在唱歌

⑥韩麦尔先生那天穿的什么颜色的衣服?(　　)

A.黑色　　B.绿色　　C.灰色　　D.棕色

⑦那天的课前是什么样子的(多选)?(　　)

A.安静的　　B.有许多镇上的人

C.韩麦尔先生正在大吼　　D.先生夹着戒尺在踱来踱去

⑧最后一课结束的标志是哪些?(　　)

A.教堂的钟敲了十二下　　B.祈祷的钟声响了

C.普鲁士兵收操的口号响了　　D.老师宣布下课

⑨请用一句话表述本文主要写了一件什么事。

⑩本文主要塑造了哪两个人物形象?

(2)你能正确读出下列字词吗?可以借助于课下注释或者工具书哦。

郝叟(　　　　)　哽咽(　　　　)　懊(　　　　)悔

祈祷(　　　　)　钥匙(　　　　)　惩罚(　　　　)

字帖(　　　　)

2.细读课文——局部探究(12 分钟)

(1)结合文本作词句圈划，思考并完成下表(见表 2-2-1)：小弗朗士上课前后心情、态度有何变化？

表 2-2-1　小弗朗士的变化

时间	小弗朗士上课前后的态度、心情变化
上课前	
到校后	

(2)品读文章第 7～10 段，深入感受情感，进一步研究导致小弗朗士变化的原因(见表 2-2-2)。

表 2-2-2　小弗朗士变化的原因

	平时课堂的气氛	最后一课的气氛
学生		
老师		
其他		

(3)综合以上表格内容，归纳一下是什么原因使小弗朗士发生了这么大的变化。

(4)作者描写韩麦尔先生运用了多种描写方法，在文中画出相关句子并分析其作用。

①外貌描写：　　　　②神态描写：

③动作描写：　　　　④语言描写：

(5)结合上面的分析，归纳一下韩麦尔先生是一个什么样的人。

3.精读课文——合作探究(12 分钟)

(1)体会环境描写在本中的作用。

①读一读文章的第二、三节，分别画出自然环境和社会环境描写的句子，并

体会其作用。

②品读一下第八、九、十节，思考一下这些课前环境描写有什么作用。

(2)理解句义：

①韩麦尔先生说：“亡了国当了奴隶的人民，只要牢牢记住他们的语言，就好像拿着一把打开监狱大门的钥匙。”这句话有什么深刻含义？

②怎样理解“使出全身的力量”写出了两个大字“法兰西万岁”？这两个字的含义是什么？

(三)预习检测(3 分钟)

1.下列词语中加粗字注音全都正确的一项是(　　)。

A.**赫叟**(hǎo sǒu)　　**诧**异(chà)　　**哽**住(gěng)

B.**祈**祷(qí)　　**懊**悔(ào)　　**挟**(jiá)

C.**惩**罚(chěng)　　板**凳**(dèng)　　**捂**(wǔ)

D.紫**藤**(téng)　　**钥匙**(yào shi)　　**赚**(zhuàn)

2.下列各组词语中有错别字的一组是(　　)。

A.祈祷　督学　B.思量　墙壁

C.惨白　阻塞　D.戒尺　溜冰

3.选出下列句子没有使用修辞方法的一项，将序号填入括号中。(　　)

A.画眉在树林边宛转地唱歌；锯木厂后边草地上，普鲁士士兵正在操练。

B.可是那一天，一切偏安安静静的，跟星期日的早晨一样。

C.亡了国当了奴隶的人民，只要牢牢记住他们的语言，就好像拿着一把打开监狱大门的钥匙。

D.这些字帖挂在我们课桌的铁杆上，就好像许多面小国旗在教室里飘扬。

(四)质疑平台(2 分钟)

将你不懂的或者你认为值得拿出来探讨的问题写下来。

分享课

【学习目标】

(一)结合小说背景理解“最后一课”的含义。

(二)学习本文通过人物的语言、动作、心理等描写方法塑造人物形象、表达人物情感的方法。

(三)懂得母语和国家之间的关系,树立热爱汉语、学好汉语的意识,培养自己的爱国感情。

【学习过程】

(一)情境导入

一个不爱学习的学生,在经历了一节课之后,突然变得热爱学习并且懂事了!到底发生了什么事会使他发生如此大的变化呢?本节课我们将一起揭晓答案。

(二)预习小结

表扬认真阅读的同学、鼓励尚需用心的同学、呈现存在的问题。

(三)目标出示

1.结合小说背景理解“最后一课”的含义。

2.学习本文通过人物的语言、动作、心理等描写方法塑造人物形象、表达人物情感的方法。

3.懂得母语和国家之间的关系,树立热爱汉语、学好汉语的意识,培养自己的爱国感情。

(四)师生分享

1.主问题

小弗朗士有哪些变化?

2.过程

(1)学生交流。

(2)讨论可以从中看出的人物的特点。

(3)交流体现特点的语句。

(4)师生共赏。

3.备注

(1)注意引导学生找出运用描写方法的句子。

(2)重点句子的理解应结合背景进行分析。

(3)师生评价。

（五）收获归纳

从情节曲折、人物特点、环境描写、语言描写等方面谈。

（六）课堂检测

请你找出文章中描写景物的句子，说说将这些景物描写去掉可不可以，为什么。

拓展课

【学习目标】

（一）了解什么是文章中的矛盾冲突。

（二）学会如何寻找文章中的矛盾冲突。

（三）能够运用制造矛盾的方法将文章写得扣人心弦。

【学习过程】

（一）课文导学（5 分钟）

《最后一课》中的小弗朗士上最后一课了吗？

（二）知识汇总（5 分钟）

1.什么是矛盾冲突？

2.如何寻找矛盾冲突？

3.怎样制造矛盾冲突？

（三）拓展演练（20 分钟）

请用高效速读的方法阅读下面两篇文章，完成下列各题。（相信你的阅读速度最快，理解最准，你是最棒的！）

1.速读《穷人的茉莉花》，想一想：老人为什么要追着朋友不放呢？（明确：朋友与老人之间有哪些矛盾冲突）

穷人的茉莉花

朱成玉

朋友去印度，在孟买的大街上，看到一个上了年纪的老人在兜售一些不值钱的小玩意儿。那是孟买穷人中的一种，其实和乞丐没有什么区别。他们大多是一些孤寡老人，生活上没有任何依靠。

朋友是个心地善良的人，毫不犹豫地从兜里掏出零钱给他。老人便示意朋友在他的那些小玩意儿里随便选些东西。那些东西没有朋友瞧上眼的，所以他没有选就走了。可是没想到那个老人竟然收起那堆小玩意，紧紧地跟在他身后。

刚开始朋友没想那么多，只以为他收摊了要回家。可当他走出去很远，看到老人仍旧跟着他时，他便有些厌烦了，心想那老人一定是觉得他是个善心人，想从他那里再讨些钱吧。

朋友转过身对老人比划着，告诉他自己身上没多少钱，别再跟着了。可老人好像完全没有理解他的意思，嘴里嘟囔着什么，仍旧执拗地跟着他。背上那个偌大的包袱压得他汗流浃背。

朋友恰巧在街上遇见了印度的同事，听说了朋友的遭遇，他便转过身，问那个老人为什么跟着朋友。

老人气喘吁吁地说："孩子，你给了我钱，却没有要我的东西，我总得给你点什么呀？我看你是外国人，可能对我们这里不太熟悉，我只想跟着你，为你指指路，我能为你做的只有这些了……"

朋友的心灵受到了震动，他说不知为什么，那一刻他感觉那个老人很像自己的父亲，亲切而温暖。

朋友在印度待了将近半年，在这期间，他还经历了另外一些和穷人有关的事情。他说这些穷人都有一个共同点，那就是让人深深感受到他们的尊严。就连满街奔跑的小乞丐，都不会跪下来抱着你、纠缠你，或者说一些千篇一律的祝福的话，他们会拿着一束散发着清香的茉莉花来到你的面前——哦，那是泰戈尔曾经深情赞美过的茉莉花。他们的乞讨因这样的方式而让人心生感动。

印度还是一个正在发展中的贫穷的国度，这样一个贫穷国度的乞丐却仍坚守着他们的尊严。乞丐们不会因为你没有零钱给他而在心底咒骂你。他们从不抱怨上天给予他们的苦难，他们工作、学习，在闲暇时唱歌、喝酒，他们的心中，飘荡着茉莉花的清香。

印度人的生活，正如印度佛教复兴之父安贝卡所说："即使你穷得只剩一件衣服，你也应该把它洗得干干净净，让自己穿起来有一种尊严。"

（选自《新语文学习（初中）》2011年第10期）

2.速读《一只手套》，回顾：店主为那副手套降了5元钱吗？（明确：这里都发生了哪些矛盾）

一只手套

曾有情

雪花在城市的上空欢快地舞蹈，寒风在四处流浪。受天气影响，一家小百货商店里没有一个顾客,女店主无所事事地为自己的双手美容,修了修指甲,又涂了红色的指甲油,然后望着漂亮白皙的手陶醉了。

这时,店门上厚重的棉门帘被掀开,一股寒流裹着一位妇女和一个十六七岁的少年进入店里,他们身上陈旧且笨重的衣服上堆了不少的积雪,看上去是一对母子。女店主从自己修长的手指甲上移开目光,热情地迎向她大半天才等来的第一批顾客。

母亲问有没有手套卖。女店主说有,便热情地介绍有羊皮的、绒线的、针织的。母亲说拿几双男式手套看看。女店主很快把几种男式手套摆在了他们面前。母亲和少年左挑右选,逐一问明价格。好一会儿,少年说:“妈,就买一双绒线的吧,便宜些。”母亲说:“天这么冷,你的手都冻裂了,还是买羊皮的吧,羊皮的既暖和又好看。”她选了几款羊皮手套一一给儿子的左手戴上,看了看款式,试了试大小,唯有一款不大不小正好合适。母亲便说:“挺好,就买它了。”一问价钱,146 元一双。母亲便解开上衣衣扣,从贴身的衣兜里掏出一摞零钞,先是 10 元,后 5 元,再 2 元、1 元,直到硬币一一点给女店主,结果钱不够。母亲说:“姑娘,我还差 5 元钱,能不能便宜一点儿,这 5 块钱就算了?”

女店主一口回绝说:“不行,一双手套本来就赚不了几个钱,我一上午才等来你们这么一个买主,你再少给 5 元,我今天吃什么?”面对这位母亲几近哀求的游说,女店主始终无动于衷,一分钱也不肯让。儿子见母亲为难,说:“妈,就买绒线的吧,还能省好几十块钱。”

母亲固执地说:“不,我不能委屈了你的手。”她见店主不肯降价,又试探着问:“姑娘,我钱不够,能不能给一半的钱,你卖一只手套给我?”

女店主十分纳闷:“哪有买一只手套的?”

母亲解释道:“哦,是这样……我儿子原来的手套丢了一只。”女店主直摇头:“绝对不行!剩下的一只我卖给谁?”母亲无奈,便遗憾地从儿子左手上脱下那只羊皮手套,放在货柜上,对儿子说:“咱们到别的店看看吧。”她拉着儿子向店门外走去,当他们掀开厚重的门帘时,一股冷风“呼”的一声灌进店里。女店主忽然发现,冷风掀起的少年的右手衣袖,像一只黑色的塑料袋软绵绵地飘荡着,原来这位少年压根儿就没有右手。

女店主陡然一惊,身上的某一处神经被深深触动,就在他们迈出店门的那一瞬,她大声喊道:“请等一等!”母亲和少年回过头来,女店主说:“我卖给你们一只手套。”

母亲付了 73 元钱,让儿子心满意足地戴上了一只羊皮手套,然后千恩万谢而去。

女店主再次端详自己的双手,那双手健康而且修长。她猛然发现,这双可以创造无数财富和人生意义的手是多么宝贵,尤其那些失去了一只手的人,剩下的一只手更需要加倍珍爱和精心呵护。唯利是图与富有同情心是人性的两个层面,一个死抠的是价钱,一个展示的是价值。女店主虽然赔了钱,却感到十分欣慰。人往往挣再多的钱都没有满足的时候,而为行一件小小的善事,却会感到极大的满足,这便是价钱与价值的区别。

(选自《青少年文汇》2003 年第 2 期)

(四)学以致用(13 分钟)

启动你的思维,进行大胆合理的想象,你能为下面的句子设计两处矛盾吗?

村里一个讨人厌家伙的家门口突然失火……

(五)课堂收获(2 分钟)

二、现代文阅读(爱国主题)导学案——《失根的兰花》

《失根的兰花》教学设计

【学习目标】

(一)理解本文题目的深刻含义,学会理解不同题目的含义。

(二)体会重点句子的含义,掌握积累优美的词语句子。

(三)学会运用排比、比喻描写景物的写作方法。

(四)深刻体会作者抒发的思乡爱国之情,培养爱家爱国情感。

【学习重难点】

(一)体会重点句子的含义,掌握积累优美的词语句子。

(二)学会运用排比、比喻描写景物的写作方法。

(三)深刻体会作者抒发的思乡爱国之情。

预习课

【预习目标】

(一)初步理解本文题目的深刻含义。

(二)初步体会重点句子的含义,积累优美的词语句子。

(三)体会作者抒发的思乡爱国之情。

【预习时间】

一课时。

【预习过程】

(一)知识链接(仔细阅读下面的资料,勾画出有用的信息,2分钟时间)

陈之藩,1925年生,河北人;北洋大学机电系学士,英国剑桥大学哲学博士;著有电机工程论文百余篇,《系统导论》及《人工智能语言》专著两种;散文作品有《蔚蓝的天》《旅美小简》《剑河桥影》等。其散文创作与其人生经历和创作环境有关。由于新到一个陌生的环境里,内心的孤独寂寞引发许多人生感慨,于是他提笔将自己的内心思绪倾注笔端。

(二)走进文本(36分钟)

1.初读课文,解决下列字词困难(6分钟)

(1)补字或补拼音。

点 zhuì(　)　　辍(　)学　　chuò(　)泣　　栅(　)栏

群山万 hè(　)　咀嚼(　)　　嚼(　)菜根　　笨拙(　)

相形见绌(　)　晨 xī(　)　　坍(　)塌

(2)用下列词语造句。

喧哗:

飘零:

诗意盎然:

2.细读课文,回答下题(10分钟)

(1)文章哪些语句打动了你的心?(最少2处,并进行简要赏析,多多益善,找得越多说明你越聪明哦!)

A处:

B处:

(2)题目“失根的兰花”中,“兰花”指什么?“失根的兰花”是什么意思?这是哪种表现手法?

3.精读课文,赏析探究(20 分钟)

(1)作者少年离家的感受与到美国后的感受有何不同?为什么会有这种不同?

(2)下列句子是本文典型的修辞手法,请写出本体、喻体各是什么?表达了作者的什么感情?

第 5 段:蚕未离开那片桑叶

第 8 段:这童年的彩色版画

第 10 段:人生如萍,人生如絮

第 11 段:国,就是根

(3)从作者联想到自己,如果身处某种特定的情境,该怎样表达你的感情?家乡的山水草木、悲欢离合的家史、父母亲情的爱、邻里乡情的故事都是可以凭借的对象。作者把思念祖国的感情寄托于具体的事物,是一种“借景抒情”的手法。“美不美、故乡水;亲不亲,故乡人。”此中情味,离故土越远,就体会越深。

请描写一段景物,运用适当的修辞来表达你的心情(忧伤、愤怒、高兴等)。

(三)预习检测(5 分钟)

1.解决下列字词困难。

点 zhuì(　)　辍(　)学　chuò(　)泣　栅(　)栏

群山万 hè(　)　咀嚼(　)　嚼(　)菜根　笨拙(　)

相形见绌(　)　晨 xī(　)　坍(　)塌

2.文章最后说“身可辱,家可破,国不可亡”,你是怎样理解这句话的?

3.从你学过的古诗词中找出两句,来表达你热爱祖国、思念家乡的感情。

(四)质疑平台(2 分钟)

将你不懂的或者你认为值得拿出来探讨的问题写下来(质疑的角度有:对文中有关词语使用方面的疑问;对句子含义理解的困难;对表达方式或写作手法的理解困难;对作者思想观点的不同意见;由文章某处语句进行想象而产生的疑问等)。

分享课

【学习目标】

(一)体会重点句子的含义,掌握并积累优美的词语句子。

(二)学会运用排比、比喻描写景物的写作方法。

(三)深刻体会作者抒发的思乡爱国之情。

【学习过程】

(一)情境导入

(播放余光中先生的《乡愁》)

同学们,对于离乡背井的人们来说,剪不断、理还乱的,无疑是那悠悠的乡思和绵绵的乡愁。唐代诗人李白的《静夜思》,不着一个“愁”字,却道出了写不尽的乡愁;台湾诗人余光中以《乡愁》为题,反复咏唱,直抒胸臆,也还是那化不开的两个字——乡愁。陈之藩在《失根的兰花》中就表现了这种刻骨铭心的思乡爱国的情感,读来令人动容。

(二)预习点评

表扬认真阅读的同学、鼓励尚需用心的同学、呈现存在的问题。

(三)目标出示

1.体会重点句子的含义,掌握并积累优美的词语句子。

2.学会运用排比、比喻描写景物的写作方法。

3.深刻体会作者抒发的思乡爱国之情。

四、师生分享

1.主问题

这篇散文中“我”对祖国的情感是怎样表达出来的?

2.过程

(1)品读文中精彩用语及生动的描绘手法及流露人物思想感情的句子。

(2)学生在品读中感悟文中流露出的浓浓的思乡情。

3.备注

(1)按照事件发展顺序,在读中体会人物思想感情。

(2)朗读贯穿学习始终。

(3)师生评价。

(4)板书凸显本节课学习目标。

(五)归纳收获

1.学会通过语言分析文章主旨。

2.感悟作者对祖国和家乡的那种剪不断的思念与热爱之情。

(六)课堂检测

检测学生是否已掌握通过景物描写表达思想感情的写法。

拓展课

【学习目标】

(一)进一步品味重点句子的含义,积累优美的词语句子。

(二)体会作者抒发的思乡爱国之情,培养学生的爱国之情。

【学习内容】

(一)知识回顾(7 分钟)

1.作者说"我,到处可以为家",后来又认为到处不可为家,这两种说法矛盾吗?为什么?

2.古人说"人生如萍",作者说"人生如絮"。关于人生的比喻还有哪些?

(二)拓展迁移

1.阅读短文,回答问题(20 分钟自主阅读后,小组内解疑 8 分钟,然后用 10 分钟的时间与大家共享你的阅读收获,机会总是垂青那些有准备的人的)

常常见到故乡

①睡梦里,我常常见到故乡。

②那五光十色、熙熙攘攘的山村小镇,留给我多少天真的笑容□那欢乐奔

腾的小河，流淌着我一串串童年的歌声□那漫山遍野的杜鹃花，藏着我一个个神奇的梦□那黄昏响彻山谷的牛铃声，捎给我多少山村夜晚的情趣□那长满蘑菇的山沟里，留下多少赤足的脚印……故乡的风、故乡的云、故乡的树、故乡的月、故乡的小路，它们是一组凝固了的彩画，紧紧嵌在我心里。

③想起故乡，心上又自然浮起一行行熟悉的诗句：“山是故乡青，月是故乡明”“粼粼故乡水，依依旧人情”“乡书何处达？归雁洛阳边”……字里行间，渗透了多少深挚的乡情，流动着多少感人的乡音！

④从诗句里，眼前又闪出一幅眷恋乡土的形象：诗人艾青在国难深重的时刻，用赤子之心反复呼唤“大堰河，我的保姆”；作曲家冼星海用悲壮激昂的旋律，谱出了“保卫黄河”的强音；生物学家蔡希陶无论走到哪里，总是那样深情地爱着边疆一草一木；世界文豪高尔基流连在伏尔加河之滨，却久久不忍离去……

⑤是的，故乡的一草一木长在心里，故乡的一泉一溪流在心里。古往今来，谁不爱家乡？谁无乡土情？当你抚摩着故乡的每一片绿叶时，当你走过故乡的每一条小路时，你能不深深地爱恋着这片土地？你能不骄傲地说：“我是故乡的儿女！”当点点滴滴的乡情把你紧紧拥抱时，你定会以做一个炎黄子孙而自豪！

⑥如果说故乡是你生长的摇篮，那么祖国便是哺育你的母亲。在人的一生中，当浓郁乡情与爱国之情融合起来的时候，人的情操必然得到升华，生命也就变得无比充实、无比瑰丽了。

⑦年轻的朋友，热爱你生长的摇篮，热爱哺育你的母亲吧！

(1)根据语境解释下列词语。

熙熙攘攘：________________________________

眷恋：________________________________

(2)在第②自然段的方框里填上标点符号。

(3)第②自然段主要运用了哪三种修辞方法？抒发了什么感情？

①________________________________

②________________________________

③________________________________

(4)第④自然段写艾青、冼星海、蔡希陶、高尔基等眷恋乡土，有什么用意？

____

(5)摘抄文章中形象地揭示了故乡与祖国的关系的语句。

____

(6)本文揭示的一条哲理是(　　)。

A.如果说故乡是你生长的摇篮，那么祖国便是哺育你的母亲。

B.在人的一生中，当浓郁乡情与爱国之情融合起来的时候，人的情操必然得到升华，生命也就变得无比充实、无比瑰丽了。

C.当点点滴滴的乡情注满心田时，当丝丝缕缕的乡情把你紧紧拥抱时，你定会以做一个炎黄子孙而自豪。

(7)最后一自然段有什么作用？

2.阅读《乡愁》，回答问题(5 分钟)

乡愁

小时候，乡愁是一枚小小的邮票，
我在这头，母亲在那头。

长大后，乡愁是一张窄窄的船票，
我在这头，新娘在那头。

后来啊，乡愁是一方矮矮的坟墓，
我在外头，母亲在里头。

而现在，乡愁是一湾浅浅的海峡，
我在这头，大陆在那头。

(1)全诗有四小节，每小节分别写什么内容？

(2)下列对诗歌含义分析有误的一项是(　　)。

A.这首诗是一首政治诗，强烈要求两岸统一。

B.诗中表达的思念之情超越了意识形态，表达的是人类固有的美好情感。

C.诗中的邮票、船票、坟墓、海峡都有意象，不是几种纯然的客观事物。

D.全诗只有四节，却跨越了无数的岁月，笼罩了现实世界的氛围。

(3)摘录诗中表示时间顺序的词语，说说诗人是怎样层层深入地抒发爱国之情的？

（三）课堂收获（3 分钟）

这三篇文章都是抒发爱家爱国之情的，结合内容说说三篇文章在表达情感方面用了哪些不同的方法。

三、文言文阅读（寄情山水主题）导学案——《与朱元思书》

《与朱元思书》教学设计

【学习目标】

（一）了解文体常识和背景常识，理解课文意思。

（二）品味文章充满哲理的、精妙的语言，培养审美能力。

（三）背诵课文，体会文中表现的自然之美及作者寄情山水的情趣。

【学习重难点】

品味文章充满哲理的、精妙的语言，培养审美能力。

预习课

【预习目标】

（一）了解文体常识和背景常识，初步理解课文意思。

（二）尝试品味文章充满哲理的、精妙的语言，培养审美能力。

（三）初步体会文中表现的自然之美及作者寄情山水的情趣。

【预习内容】

（一）相关链接（勾画出有用的信息，尤其要认真阅读写作背景，看看谁记得准确。3 分钟完成）

1.骈（pián）句，是一种讲求对仗的文体，它要求文字的对偶，重视声韵的和谐，而且是结构相似、内容相关、行文相邻、字数相等的两句话。骈句也有工整和不工整之分，不工整的骈句在结构和字数上也可能不完全合乎要求。骈句是诗句的一种，与散句相对（散句则是相对于骈句而言），也可以说，骈句以外的句子都是散句。

2.小品文是一种寓有抒情意味和讽刺性的短小散文。它在中国有着悠久的历史和多种样式，古代许多带有强烈感情色彩、语文优美生动的序、跋、记传、书信等等，都可以算作小品文。

3.书——书信，一种文体。本文是一篇骈体文，讲究对仗和声律，多用偶句

(骈句),少用散句。本文作者(　　　)是(　)朝文学家、史学家,字(　　)。

4.写作背景:《与朱元思书》是南朝山水小品中的名作,原是作者写给友人朱元思信中的一段话,写的是浙江境内富春江的秋景;原信中应当另有所述,但已散轶,亦无其他资料可考,只留下这看似随兴写下的一段文字。文章生动细腻地描绘了富春江从富阳到桐庐一段沿途百里的秀美风光,如诗如画,引人入胜,历来被人们当作独立成篇的山水佳作。虽然只是片段,但这段文字无论从内容还是结构上看,都有相对的完整性,是一篇优秀的山水小品。

(二)走进文本

1.初读课文(15 分钟)

(1)解决文中生字词,熟读课文。(学法指导:请根据下面的提示,把握好朗读节奏和停顿。)

风烟/俱净,天山/共色。从流/飘荡,任意东西。自/富阳至桐庐/一百许里,奇山异水,天下独绝。

水/皆缥碧,千丈/见底;游鱼/细石,直视/无碍。急湍/甚箭,猛浪/若奔。

夹岸/高山,皆生/寒树。负势/竞上,互相/轩邈;争高/直指,千百成峰。泉水/激石,泠泠/作响。好鸟/相鸣,嘤嘤/成韵。蝉/则/千转不穷,猿/则/百叫无绝。鸢飞/戾天者,望峰/息心;经纶/世务者,窥谷/忘反。横柯/上蔽,在昼/犹昏;疏条/交映,有时/见日。

(2)掌握下列加点字词的意思;翻译文中句子,弄懂课文的意思。(学法指导:结合课下注释,利用工具书完成下列任务。)

①词语解释

风烟俱净(　　)　从流飘荡(　　)　一百许里(　　)　窥谷忘反(　　)

直视无碍(　　)　猛浪若奔(　　)　横柯上蔽(　　)　在昼犹昏(　　)

疏条交映(　　)　负势竞上(　　)　鸢飞戾天(　　)　经纶世务(　　)

②解释通假字

窥谷忘反(　　　　)　　千转(　　　　)不穷

③词义辨析

天下独绝(　　　　　　)　　负势竞上(　　　　　　)

百叫不绝(　　　　　　)　　横柯上蔽(　　　　　　)

(3)本文表达了作者怎样的思想感情?

2.细读课文：自主思考，并根据提示默写句子(10 分钟)

(1)作者乘船旅游途中获得的总体印象是：

(2)文中表现水清的句子是：

(3)说明水急的句子是：

(4)点明文章主旨的句子是：

3.精读课文(10 分钟)

(1)本文写的是哪一季节的景物？从哪些语句可以看出来？

(2)文中“鸢飞戾天者，望峰息心，经纶世务者，窥谷忘反”表达了作者怎样的思想感情？

(三)预习检测(5 分钟)

1.解释词语

风烟俱净(　　)　从流飘荡(　　)　互相轩邈(　　)　窥谷忘反(　　)
猛浪若奔(　　)　横柯上蔽(　　)　负势竞上(　　)　鸢飞戾天(　　)
经纶世务(　　)

2.解释句子

(1)急湍甚箭，猛浪若奔。

(2)负势竞上，互相轩邈；争高直指，千百成峰。

(3)鸢飞戾天者,望峰息心;经纶世务者,窥谷忘反。

(四)质疑(字、词、句,或者关于本文的写作手法、写作特点。2分钟)

分享课

【学习目标】

(一)了解文体常识和背景常识,理解课文的意思。

(二)品味文章充满哲理的、精妙的语言,培养审美能力。

(三)背诵课文,体会文中表现的自然之美及作者寄情山水的情趣。

【学习过程】

(一)情境导入

(二)预习小结

重点总结预习中存在的问题。

(三)交代目标

1.了解文体常识和背景常识,理解课文意思。

2.品味文章充满哲理的、精妙的语言,培养审美能力。

3.背诵课文,体会文中表现的自然之美及作者寄情山水的情趣。

(四)师生分享

1.主问题

你从哪里能看出这里的"奇山异水,天下独绝"?

2.过程

(1)学生交流并朗读相关句子。

(2)师生共赏这些句子。

3.备注

(1)分析文中的景物描写。

(2)将朗读贯穿学习始终,对精美的句子要求熟读成诵。

(3)在欣赏"奇山异水"的过程中,体会作者寄情山水的情趣。

(4)师生评价。

(5)板书凸显本节课学习目标。

(五)课堂检测

课文背诵。

拓展课

【学习目标】

能较熟练地断句、释词,并理解文意。

【学习过程】

(一)知识回顾(5 分钟)

1.解释下列加点词。

风烟俱净(　　) 从流飘荡(　　) 互相轩邈(　　) 窥谷忘反(　　)

猛浪若奔(　　) 横柯上蔽(　　) 负势竞上(　　) 鸢飞戾天(　　)

经纶世务(　　)

2.背默你喜欢的段落。

(二)拓展提高(自主学习 15 分钟,交流学习 20 分钟,小结 5 分钟)

阅读小短文,回答问题。

黄牛滩

郦道元

江水又东,经黄牛山下,有滩名曰黄牛滩。南岸重岭叠起,最外高崖间有石,色如人负刀牵牛,人黑牛黄,成就分明。既人迹所绝,莫得究焉。此岩既高,加以江湍纡回,虽途径信宿,犹望见此物。故行者谣曰:“朝发黄牛,暮宿黄牛。三朝三暮,黄牛如故。”

江水又东,经狼尾滩,而历人滩。袁山松曰:“二滩相去二里。人滩水至俊俏,南岸有青石,夏没冬出,其石嵚崟,数十步中,悉作人面形,或大或小,其分明者,须发皆具,因名曰‘人滩’也。”

——《水经注》

1.解释下列句子中加点的词语。

(1)加以江湍纡回(　　　)

(2)有石色如人负刀牵牛(　　　)

(3)虽途径信宿(　　　)

(4)故行者谣曰(　　　)

2.翻译下列句子。

朝发黄牛,暮宿黄牛。三朝三暮,黄牛如故。

3.作者写南岸石是从________________和________________两个方面进行描绘的。

4.“虽途径信宿,犹望见此物”的原因是什么?(用文中句子回答)

5.结合文意,具体说说这两篇文章在写景方法上有什么异同。

四、文言文阅读(寄情山水主题)导学案——《小石潭记》

《小石潭记》教学设计

【学习目标】

(一)了解作者、作品常识,积累常见的文言实词、虚词,提高文言文阅读能力。

(二)能正确流畅地朗读课文,把握重点语句的翻译;品味形象生动优美的语言,体会作者的情感。

(三)学习寓情于景的写法,体会本文融情于景、借景抒情的艺术特色。

【学习重难点】

积累文言字词;品味形象生动优美的语言,体会作者的情感。

预习课

【预习目标】

(一)了解作者、作品常识,尝试积累常见的文言实词、虚词,提高文言文阅读能力。

(二)能正确流畅地朗读课文,初步把握重点语句的翻译;尝试品味形象生动优美的语言,初步体会作者的情感。

(三)初步领略寓情于景的写法,体会本文融情于景、借景抒情的艺术特色。

【预习内容】

(一)资料链接(请勾画出你认为重要的信息,比一比谁记得牢固。5分钟)

1.有关作者

柳宗元(773～819年),字子厚,河东(今山西永济县)人,唐代中期杰出的文学家、思想家,唐宋八大家(韩愈、柳宗元、欧阳修、曾巩、王安石、苏洵、苏轼、苏辙)之一。他与韩愈齐名,并称“韩柳”,二人都是唐代古文运动的倡导者和奠基人,对当时文风的改革、散文的发展起过重大的推动作用。他所写的游记散文往往借景抒情,以寄托自己政治上不得志的悲愤。

2.写作背景

由于永贞革新失败,柳宗元于唐顺宗永贞元年(375年)被贬到永州任司马。永州当时是一个荒僻未完全开化的地区。但永州山脉起伏,丘壑幽深,河川纵横,风景雄奇美丽。由于政治上的失意,无法施行自己的抱负,柳宗元精神上极为痛苦、悲愤、忧郁。作为贬官,柳宗元在永州有职无权,无所事事,于是有时间出游。为排解内心的愤懑痛苦之情,柳宗元常常不避幽远,游山访水,寄情自然,并通过对景物的具体描写寄寓自己的不幸遭遇,成为后世写作山水游记的楷模。

在永州期间,柳宗元共写了八篇知名的山水游记,被后人称作“永州八记”,展现出永州美丽的山光水色。《小石潭记》是“永州八记”中的第四篇,原题是《至小丘西小石潭记》,描述了一处清幽宁静的小石潭风景。

3.关于“记”

“记”是古代的一种文体,可以记叙描写,也可以抒情议论,并通过记事、记物,写景、记人来抒发作者的感情或见解,即景抒情,托物言志。因此,它可以写景状物(如《核舟记》),也可以叙事如(《桃花源记》),还可以将写景状物与议论抒情结合起来(如《小石潭记》)。

4.寓情于景

寓情于景即在景色的描写中寄托情感,作者通过对景物的描写抒发自己的感情。这样可以避免直白的感情宣泄,显得委婉、含蓄。

(二)走进文本

1.初读课文(选择自己喜欢的方式读,可朗读、默读,15分钟)

(1)学生根据工具书、课下注释,自读课文,扫除文字障碍,积累字词。

篁竹(　　　　)	清冽(　　　　)
为坻(　　　　)	为嵁(　　　　)
佁然(　　　　)	深邃(　　　　)

参差（　　　　　　　）　　　俶（　　　　　）尔远逝

（2）熟练而准确地朗读课文，注意准确把握下列句子的停顿。（用“|”画出停顿）

①全石以为底　　　　　　②皆若空游无所依

③其岸势犬牙差互　　　　④潭中鱼可百许头

2.细读课文，整体把握（整体疏通文意有利于顺利理解文本。10分钟）

课文按游览的顺序来写，条理十分清楚。请说说本文写作思路。

发现小潭——　　　——　　　——　　　——交代同游者

3.精读课文，理解文意（思考后交流思想会有异乎寻常的收获哦。10分钟自主学习，5分钟合作探究）

（1）作者抒写在潭上所见到的景物，突出了怎样的气氛？反映了作者怎样的心情？

（2）文章开头写“心乐之”，结尾又写“悄怆幽邃”，对此“前乐后忧”怎样理解？

（三）预习自测（查漏补缺是一种很好的学习方法。10分钟）

1.解释下列句中加横线词在文中的意思。

（1）潭中鱼可百许头（　　　　　　）（2）俶尔远逝（　　　　　　）

（3）斗折蛇行（　　　　　）（　　　　　　）

2.一词多义

以：①全石以为底（　　）②卷石底以出（　　）③以其境过清（　　）

为：①全石以为底（　　）②为坻，为屿，为嵁，为岩（　　）

清：①下见小潭，水尤清冽（　　）②以其境过清（　　）

可：①潭中鱼可百许头（　　）②不可知其源（　　）

3.翻译

（1）青树翠蔓，蒙络摇缀，参差披拂。

（2）斗折蛇行，明灭可见。

（四）质疑（在字词和文意的理解方面还有哪些疑惑，请写下来。质疑是读书的一种好习惯哦。2分钟）

分享课

【学习目标】

（一）掌握作者、作品常识，积累常见的文言实词、虚词。

（二）能在正确流畅地朗读课文的基础上背诵原文，把握重点语句的翻译；品味形象生动优美的语言，体会作者的情感。

（三）学习寓情于景的写法，体会本文融情于景、借景抒情的艺术特色。

【学习过程】

（一）情境导入

（二）预习小结

表扬认真阅读的同学、鼓励尚需用心的同学、呈现存在的问题。

（三）交代目标

1.掌握作者、作品常识，积累常见的文言实词、虚词。

2.能在正确流畅地朗读课文的基础上背诵原文，把握重点语句的翻译；品味形象生动优美的语言，体会作者的情感。

3.学习寓情于景的写法，体会本文融情于景、借景抒情的艺术特色。

（四）师生分享

1.主问题

你觉得文中写到了小石潭的哪些方面？

2.过程

（1）学生交流并朗读相关句子。

（2）师生共赏这些句子。

3.备注：

（1）分析文中的景物描写。

（2）朗读贯穿学习始终，精美的句子要求熟读成诵。

（3）在欣赏“小石潭”的过程中，体会本文融情于景、借景抒情的艺术特色。

（4）师生评价。

（5）板书凸显本节课学习目标。

（五）课堂检测

背默本文你喜欢的段落。

拓展课

【学习目标】

能较熟练地断句、释词，并理解文意。

【学习过程】

（一）知识回顾（5 分钟）

背诵《小石潭记》，并说一说：你喜欢文中的哪些描写，为什么？

（二）知识拓展（知识分享是一件非常快乐的事情。自主学习 20 分钟，交流学习 15 分钟）

请阅读下面小短文，回答下面问题。

短文（第一组）

［甲］从小丘西行百二十步，隔篁竹，闻水声，如鸣珮环，心乐之。伐竹取道，下见小潭，水尤清冽。全石以为底，近岸，卷石底以出，为坻，为屿，为嵁，为岩。青树翠蔓，蒙络摇缀，参差披拂。

潭中鱼可百许头，皆若空游无所依。日光下澈，影布石上，佁然不动；俶尔远逝，往来翕忽，似与游者相乐。

［乙］出成都南门，左为万里桥。西折纤秀长曲，所见如连环、如玦①、如带、如规、如钩；色如鉴、如琅玕②、如绿沉瓜，窈然深碧、潆回③城下者，皆浣花溪委④也。然必至草堂，而后浣花有专名，则以少陵浣花居在焉耳。

行三、四里为青羊宫，溪时远时近。竹柏苍然、隔岸阴森者，尽溪，平望如荠⑤。水木清华，神肤洞达。自宫以西，流汇而桥者三，相距各不半里。舁夫⑥云通灌县，或所云“江从灌口来”是也。

（选自《浣花溪记》）

［注］①玦（jué）：环形有缺口的佩玉。②琅玕（láng gān）：像珠子的美石。③潆回：水流回旋。④委：聚集。⑤荠（jì）：荠菜。⑥舁（yú）夫：轿夫。

1.解释下列词句中的加点词语。

（1）水尤清冽（　　　　）　　（2）佁（　　　　）然不动

（3）西（　　　　）折纤秀长曲　　（4）尽（　　　　）溪，平望如荠

2.翻译下列句子。

（1）日光下澈，影布石上。

(2)行三、四里为青羊宫,溪时远时近。竹柏苍然。

3.甲、乙两文在语言表达上有什么相同点?在表现手法上有什么不同点?

4.乙文第一段“少陵浣花居在焉耳”中的“少陵”指谁?请你写出他的连续的两句诗。

短文(第二组)

[甲]潭中鱼可百许头,皆若空游无所依。日光下澈,影布石上,佁然不动;俶尔远逝,往来翕忽,似与游者相乐。

潭西南而望,斗折蛇行,明灭可见。其岸势犬牙差互,不可知其源。

坐潭上,四面竹树环合,寂寥无人,凄神寒骨,悄怆幽邃。以其境过清,不可久居,乃记之而去。

(节选自柳宗元《小石潭记》)

[乙]道州①城西百余步,有小溪。南流数十步,合营溪②。水抵两岸,悉皆怪石,欹③嵌④盘曲,不可名状。清流触石,洄悬激注;佳木异竹,垂阴相荫。

此溪若在山野之上,则宜逸民退士⑤之所游处;在人间,则可为都邑之胜境,静者之林亭。而置州⑥以来,无人赏爱;徘徊溪上,为之怅然。

(节选自元结《右溪记》)

[注]①道州:今湖南省道县。唐时偏僻荒凉,元结曾在此为官。②合营溪:汇入营溪。③欹:倾斜。④嵌:张开。⑤逸民退士:遁世隐居的人。⑥置州:设置州郡。

1.[甲]文第一段描写的内容是:

[乙]文中描写溪水的语句是:

2.解释下面加点词在字句中的意思。

(1)潭中鱼可(　　　　　　)百许头　(2)以其境过清(　　　　　　)

(3)南(　　　　　　)流数十步　　　(4)不可名(　　　　　　)状

3.用现代汉语说说下面句子的意思。

(1)其岸势犬牙差互,不可知其源。

(2)佳木异竹,垂阴相荫。

4.面对美景,[乙]文作者为什么会产生“怅然”的情绪?

(三)课堂小结(5 分钟)

第三节　“三阶段”教学实践案例

本节以全学科环保教育项目为例,展示“三阶段”教学实践案例。

评估检测表格

【项目名称】全学科环保教育项目

全学科环保教育项目的规划量表如表 2-2-3 所示。

表 2-2-3　规划量表

项目名称	全学科环保教育项目	
项目目标	增强学生对环保的认识和意识,形成环保意识	
学科目标	语文	通过阅读环保相关文章,学生可增强环保意识
	数学	通过环境数据统计与分析,学习检测环保的实际效果
	英语	通过英语会话交流,提高环保意识
	政治	培养环保责任感,激发参与环保行动的意愿
	物理	通过学习光现象、热机使用、噪音污染等知识,学生可认识生活中污染的危害,增强学生环保意识
	化学	通过垃圾资源化、工业合成、资源综合利用等实例学习,学生可认识到化学与环保及可持续发展的关系

续表

项目名称	全学科环保教育项目
项目内容	1.举办环保主题演讲比赛 2.组织环保知识竞赛 3.参观当地环保示范项目
实施步骤	1.确定项目目标和内容 2.筹备项目所需资源和资金 3.开展项目活动 4.进行项目评价与总结
项目资源	教室、讲师、学习资料、环保示范项目参观安排等
项目评价	从学生参与度、知识掌握度、环保意识提高等方面进行评价
时间安排	项目启动日期:2022 年 9 月 6 日 项目结束日期:2022 年 12 月 6 日
项目负责人	张燕(语文教师)、李林(数学教师)、王啸天(年级主任)等

【项目评估指标】

1.学生的环保意识和责任感的提高(见表 2-2-4)

表 2-2-4 学生环保意识及责任感评估检测表

评估指标	评估方法	评估结果
学生对环保问题的认识程度	问卷调查或小组讨论	学生对环保问题的认识程度得到提高
学生对环保行动的积极性	观察记录或问卷调查	学生对环保行动的积极性得到提高
学生对环保责任的认识	学生自评或小组讨论	学生对环保责任的认识得到提高

2.学生的环保知识和技能的掌握(见表 2-2-5)

表 2-2-5 学生环保知识及技能掌握情况评估检测表

评估指标	评估方法	评估结果
学生对环保知识的掌握程度	测验或问卷调查	学生对环保知识的掌握程度得到提高
学生对环保技能的掌握程度	观察记录或实践评估	学生对环保技能的掌握程度得到提高

3.学生的跨学科综合能力和创新能力的提高(见表 2-2-6)

表 2-2-6 学生跨学科综合能力与创新能力评估检测表

评估指标	评估方法	评估结果
学生的跨学科综合能力	作业评估或小组讨论	学生的跨学科综合能力得到提高
学生的创新能力	作业评估或小组讨论	学生的创新能力得到提高

4.学生的实践能力和团队合作能力的提高(见表 2-2-7)

表 2-2-7 学生实践能力与团队合作能力评估检测表

评估指标	评估方法	评估结果
学生的实践能力	观察记录或实践评估	学生的实践能力得到提高
学生的团队合作能力	观察记录或小组讨论	学生的团队合作能力得到提高

【总体评估结果】

该跨学科环保教育项目有效地增强了学生的环保意识和责任感,有助于学生掌握环保知识和技能,既提高了跨学科综合能力和创新能力,也提高了实践能力和团队合作能力。

附　录

在"三三三"课堂教学结构变革过程中，为确保变革的实效性，我们设计了若干调查问卷和访谈提纲，评估课堂结构改革对学生学习和教学效果的影响，帮助教师了解学生的学习情况，发现问题并及时调整教学方法；提供了高效阅读训练材料示例，以帮助教师持续改进课堂结构，不断优化教学方式和教学资源的使用。经验交流材料证明课堂结构的变革和日臻完善对学生学习和教学的有效性及必要性。在此，我们以附录的形式分享"三三三"课堂教学结构变革过程性材料，旨在提高课堂结构变革的透明度，让教育同行能更具体地了解变革的过程和成果，有助于建立信任和合作探讨关系，促进教育改革的顺利有效实施。

附录1 调查问卷与访谈提纲设计

1.关于初中生阅读情况的调查问卷(学生版)

亲爱的同学,你好!

为了解我校初中生的阅读现状,帮助同学们更好地阅读,特设计此份学生问卷,希望得到你的支持和协助。本次调查不用填写姓名,各选项没有正确、错误之分,所有回答不涉及个人或者集体利益,只用于统计分析,请务必依据自己的实际阅读情况认真如实填写,并把结果分别填在每道题的空格内。谢谢你的配合!

答卷时间:　　　年　　　月　　　日

(1)你的性别(　　)。

A.男　　　　B.女

(2)所在年级(　　)。

A.初一　　　　B.初二　　　　C.初三　　　　D.初四

(3)学校来自(　　)。

A.县城　　　　B.乡镇

(4)你喜欢看课外书吗?(　　)

A.非常喜欢　　　　B.有点喜欢　　　　C.一般

D.不喜欢　　　　E.无所谓

(5)你每天在阅读方面会花多少时间?(　　)

A.半个小时以内　　　　B.半小时到一小时　　　　C.一小时到两小时

D.两小时以上　　　　E.不读

(6)你喜欢阅读哪一类的书?(　　)

A.故事小说类　　　　B.漫画类　　　　C.名著类　　　　D.报纸杂志

E.学校课本　　　　F.学习辅导类　　　　G.百科类

H.古诗词等传统文化类　　　　I.科幻作品　　　　J.其他

(7)平时你阅读最多的是(　　),你感觉从中能有较大收获的是(　　),你想读但因条件限制读不到的是(　　)。(可多选)

A.中学生作文　　　　B.名家中、短篇文学作品　　　　C.中外名著

D.科普类图书　　　　E.新闻报道　　　　F.童话、寓言　　　　G.武侠小说

H.言情小说

(8)你希望学校为你提供哪些书籍多一些?(　　)(可多选)

A.中学生作文　　　　B.名家中、短篇文学作品　　　　C.中外名著

D.科普类图书　E.新闻报道　F.童话、寓言　G.武侠小说
H.言情小说　I.动漫画　J.网络小说
(9)下列哪种因素最能引起你阅读某本书的兴趣?(　　)
A.老师布置　B.家长要求　C.同学推荐　D.自己喜欢
(10)你希望课外多读一些“整本的书”吗?(　　)
A.非常希望　B.比较希望　C.一般
D.不希望　E.无所谓
(11)你认为在当今社会,阅读对个人生存和发展的重要性如何?(　　)
A.非常重要　B.重要　C.一般　D.不重要　E.不清楚
(12)一学期你大概能读几本书?(　　)
A.1～2 本　B.3～4 本　C.5～6 本　D.更多　E.0 本
(13)你读过哪些中外名著?请在你读过的名著前面画“√”。
□《一千零一夜》　□《格林童话集》　□《安徒生童话》　□《伊索寓言》
□《爱的教育》　□《鲁滨逊漂流记》□《昆虫记》　□《格列佛游记》
□《童年》　□《海底两万里》　□《名人传》　□《朝花夕拾》
□《骆驼祥子》　□《汤姆·索亚历险记》　□《简·爱》　□《威尼斯商人》
□《傅雷家书》　□《培根随笔》　□《钢铁是怎样炼成的》
□《林海雪原》　□《城南旧事》　□《繁星·春水》　□《朝花夕拾》
□《狼图腾》　□《孙子兵法》　□《解忧杂货店》　□《老人与海》
□《俗世奇人》　□《草房子》　□《巴黎圣母院》　□《孙子兵法》
□《西游记》　□《水浒传》　□《三国演义》　□《红楼梦》
□《论语》　□《令人心醉的宋词》　□《唐诗选注》　□《孔子》
□《资治通鉴》　□《追风筝的人》　□《汤姆叔叔的小屋》　□《孟子》
(14)你觉得你会一直坚持这个阅读的习惯吗?(　　)
A.会　B.可能　C.不确定
(15)你喜欢语文课本里的文章以及老师推荐阅读的书目吗?(　　)
A.喜欢　B.一般　C.不喜欢
(16)你善于在阅读中通过反思和批判提高阅读质量吗?(　　)
A.能　B.有时能　C.不能
(17)你能多角度、有创意地和别人评价书中看到的人和事吗?(　　)
A.能　B.有时能　C.不能
(18)你认为阅读量多少和语文成绩好坏直接相关吗?(　　)
A.是的　B.不一定　C.关系不大
(19)你认为“高效阅读”与“快速记忆”的方法能提升你做阅读理解的成绩

吗？（　　）

A.能　　B.有时能　　C.不能

(20)你对阅读目的的认识是（　　）。

A.认为课外阅读分散精力、影响学习

B.认为课外阅读是为了消遣、解闷，调节学习张弛度

C.认为课外阅读对学习有促进作用

D.认为课外阅读是学习中不可缺少的组成部分

(21)通过平时的阅读，你觉得有哪些收获？（　　）

A.收获不大

B.开阔了视野，扩大了知识面

C.深受启发，从而逐步确立了自己的人生方向

D.常受感动，丰富了自我情感

E.提高了写作水平

(22)在日常阅读中，碰到不认识的字词你有随手翻查字典等工具书的习惯吗？（　　）

A.从不查找　　B.有时查找　　C.总是查找

(23)日常阅读中，当碰到自己特别喜欢的词句或者段落，在条件允许的情况下，你会出声反复诵读吗？（　　）

A.喜欢　　B.一般　　C.不愿意　　D.视周围人情况而定

(24)你是否可以根据阅读目标的不同而设定不同的阅读方式？（　　）

A.可以　　B.有时可以　　C.不可以

(25)你是否有计划地安排课外阅读？（　　）

A.有比较详细的计划，且能按照计划执行

B.有计划，但经常被各种事情打乱

C.课外阅读随意性较强，很少制定阅读计划

D.从未制定阅读计划，希望得到指导

(26)阅读时，以下哪项习惯符合你的情形？（　　）

A.圈圈点点，写批注　　B.摘抄好词佳句

C.写读后感　　D.只读，不动笔

(27)读完一本书后，你会怎么做？（　　）

A.读下一本　　B.写读后感

C.重复读几次　　D.整理本书的结构

E.与同学交流书中内容及收获

(28)你是否会把课外阅读的读书笔记运用到语文写作中？(　　)

A.有意识地运用　　B.想起来才用　　C.想用却不会用　　D.几乎不用

(29)平时你是如何进行阅读的？(　　)

A.随便翻翻，了解大意就够了

B.只挑选有趣的地方读

C.摘抄好词佳句

D.能有选择性地精读、细读，反复品味

E.能有自己的独特感受、启发，并写读感和赏析

F.能对文章的思想观点提出质疑，并提出自己的独特见解

(30)对于你喜欢的文章或片段，你是怎样处理的？(　　)

A.背诵　　B.抄录　　C.仿写　　D.看过就算

(31)你是如何做读书笔记的？(　　)

A.仅仅摘抄好词佳句　　B.圈点批注　　C.做佳句点评

D.写心得体会　　E.会对文章内容或写法提出自己的想法

F.用思维导图画事情经过或人物关系

G.能综合运用几种方式

(32)同学间有没有主动开展读书交流活动？(　　)

A.有　　B.有时有　　C.没有

(33)你一般在什么情况下阅读？(　　)

A.课堂上　　B.写完作业后

C.每天有固定时间阅读　　D.想读就读，随时读

(34)你的家长对你课外阅读的看法是(　　)。

A.赞成　　B.反对　　C.中立

(35)老师对学生课外阅读的看法是(　　)。

A.赞成　　B.反对　　C.中立

(36)影响你阅读的主要因素是(　　)。

A.没有读书习惯　　B.功课压力太重，没有时间读书

C.没有读书氛围　　D.找不到感兴趣的书

E.无法专注阅读　　F.习惯网上阅读

G.自身的阅读基础过于薄弱　　H.其他原因

(37)你在读书过程中有哪些困惑？(可多选)(　　)

A.不知道读什么书　　B.不知道为什么要读书

C.不知道怎么读书　　D.读完后没什么收获

E.没有困惑

(38)谁对你阅读书目的选择有很大影响？(　　)

A.父母　　B.老师　　C.朋友　　D.偶像　　E.作者

(39)你阅读图书的主要途径是什么？(　　)

A.购买　　B.找亲朋好友借阅

C.到图书馆借阅　　D.网上浏览

E.在书店看　　F.其他

(40)属于你个人的课外书有多少？(　　)

A.没有　　B.1～20 本　　C.20～50 本　　D.50 本以上

(41)老师有没有对你们进行如何阅读一整本书的方法指导？(　　)

A.有，偶尔　　B.有，经常　　C.没有

(42)你们班有没有经常开展读书交流活动？(　　)

A.有　　B.有时有　　C.几乎没有

2.关于初中生阅读情况的调查问卷(教师版)

尊敬的老师，您好！

为了更准确地了解初中生的阅读情况，特设计此份教师问卷，希望得到您的支持和协助。本次调查不用填写姓名，各选项没有正确、错误之分，所有回答不涉及个人或者集体利益，只用于统计分析，请务必依据自己的教学实际情况认真如实填写。每一位教师的意见，都将是我们完善阅读教学实施方案的重要依据，谢谢您的合作！

学校：　　性别：　　年龄：　　学历：　　职称：

调查时间：　　年　　月　　日

(1)您自身的阅读情况如何？(　　)

A.经常阅读　　B.偶尔阅读　　C.很少阅读

(2)您阅读的主要途径有哪些？(　　)

A.书店、阅览室　　B.电子资源　　C.自己购买　　D.其他

(3)您读书的目的是什么？(　　)(可多选)

A.终身学习　　B.工作压力大，为了工作需要不得不读

C.为了给学生或孩子做榜样　　D.为了提高专业知识能力

E.为了精神富足，愉悦生活　　F.为了开拓视野，认识世界

(4)影响您阅读的因素有哪些？(　　)

A.无阅读兴趣　　B.职业压力大，阅读时间少

C.家庭琐事的影响　　D.已有的知识足够驾驭课堂

E.身边资源缺乏

(5)在您的专业成长中,对您影响最大的是(　　)

A.教学实践　　B.专业培训

C.网络信息技术的应用　　D.阅读的各种书籍

(6)您了解《义务教育语文课程标准》中对初中学段规定的阅读量吗?(　　)

A.非常了解　　B.大概了解　　C.不了解

(7)您对年级段阅读目标明了吗?(　　)

A.很清晰　　B.较明了　　C.不明了

(8)您是怎样制定学期阅读教学计划的?(　　)

A.根据自己的教学实际,很认真地制定　B.参考别人的计划

C.重复往年的计划

(9)您评价学生课外阅读的形式有哪些?(　　)

A.摘抄笔记　　B.阅读感悟　　C.班会交流

D.没有固定形式　　E.不进行检查

(10)您在课堂教学或课后布置作业中,有意识地培养学生阅读习惯的形成(包括上阅读课,推荐阅读书目,记录阅读笔记等)吗?(　　)

A.从不　　B.有时会　　C.经常培养

(11)您对学生的阅读情况都满意吗?(　　)

A.非常满意　　B.比较满意　　C.不满意

(12)您重视对学生进行阅读指导吗?(　　)

A.非常重视　　B.不太重视　　C.没必要培养

(13)您注重学生阅读中的独特感受吗?(　　)

A.非常注重　　B.不太注重　　C.没必要注重

(14)您在指导学生阅读时,最大的困惑是什么?(　　)

A.学生不能养成良好的阅读习惯　　B.大部分学生对阅读不感兴趣

C.适合学生课外阅读的读物有限　　D.其他

(15)您认为学生阅读习惯形成的困难之处在哪个方面?(可多选)(　　)

A.没有系统的教学和习惯养成安排　　B.学生不积极

C.家长不重视　　D.学生阅读书目范围窄,没有兴趣

E.学校图书室书目陈旧

(16)您认为学生阅读习惯的形成需要多长时间?(　　)

A.一年甚至更久　　B.半年左右

C.三个月左右　　D.一个月左右

(17)您认为教师在学生阅读习惯的形成方面可以进行的有效措施有?(可多选)(　　)

A.规定阅读时长　B.推荐阅读书目　C.鼓励学生记录阅读笔记

D.多进行读后感形式的练笔　E.定时上阅读课,并集体交流阅读心得

F.制定长期可行的阅读计划

(18)您觉得读书对您教育教学的作用大吗?(　　)

A.一点作用没有　　B.作用很大　　C.有作用,但是很小

(除了A项请写明作用表现在哪里?)

非常感谢您的支持与配合!祝您工作顺利、生活愉快!

3.关于初中生阅读情况的访谈提纲(学生版)

亲爱的同学,你好!

本次访谈的目的在于了解你阅读的习惯,为以后的阅读教学提供参考。本次访谈各项问题无好坏对错之分,请你依据自己的看法,放心回答,非常感谢你的合作帮助。

访谈对象:______________(学校)______年级______班

访谈时间:　　　年　　月　　日

访谈内容:

(1)你日常有阅读读物的习惯吗?如果有,平均多久一次?

(2)在日常阅读中,碰到不认识的字词你有随手翻查字典等工具书的习惯吗?

(3)在日常阅读中,你是否有随时记录阅读笔记(包括随手勾画或积累好词好句、随时记录疑惑和感悟)的习惯?如果有,请问这些阅读习惯是本人自己喜欢还是被老师或家长要求?

(4)在日常阅读中,你有写读后感的习惯吗?如果有,请问写读后感主要是什么原因?(是因感悟共鸣自己要写还是老师或家长要求?)

(5)日常阅读中碰到自己特别喜欢的词句或者段落,在条件允许的情况下,你会出声反复诵读吗?如果会,是在什么情况下诵读的?(比如是因为周围有人诵读、教师要求诵读或者诵读文本体裁的要求等等。)

(6)你认为自己形成阅读习惯最大的困难来自哪方面?

(7)你认为阅读习惯的形成对自己的生活学习有帮助吗?如果有,请问在哪方面的帮助最大?

(8)你对学校图书馆(图书角)藏书量、藏书内容、开放时间等方面满意吗?请说说你的建议。

(9)你对语文课本推荐阅读的名著书目有何看法?(可以从书目数量、书目内容、书目价值等方面谈)

(10)除了阅读教师推荐的书目外,说说你最喜欢的两本书,并给出理由。

(11)你有没有喜欢的作家或者喜欢的阅读类的网上资源?如果有,请详述喜欢的理由。

(12)你认为自己是否需要专业的阅读指导?如果需要,你想在哪些方面得到指导?

(13)课外阅读给你带来的最大收获是什么?

(14)你在读书过程中,最大的困难或者困惑是什么? 希望得到哪些帮助?

(15)你认为什么因素影响了自身阅读兴趣的进一步提高? 比如说功课压力太重,阅读作品过杂,可选择面过少,读书环境氛围不浓,自身的阅读基础过于薄弱等。

(16)请你提出对课外阅读的宝贵意见。

非常感谢你的支持与配合! 祝你学习顺利、生活愉快!

4.关于初中生阅读情况的访谈提纲(教师卷)

亲爱的老师,您好!

本次访谈的目的在于了解您所知道的学生课外阅读情况,为我们以后的阅读教学提供参考,各项问题无好坏对错之分,请您依据自己的看法放心回答,非常感谢您的合作与帮助。

访谈时间:______年______月______日

访谈内容:

(1)您平时有读书的习惯吗? 如果有,请谈谈您的阅读习惯。

(2)您认为您的阅读习惯对您日常教学有帮助吗? 如果有,请问哪些方面帮助比较突出?

(3)您在课堂教学或课后布置作业中,会有意识地培养学生阅读习惯的养成吗?如果有,请问您有哪些培养途径和手段?

(4)您是如何利用班级图书角和学习图书室来促进学生的阅读的?

(5)您会为学生推荐课外阅读书目吗?如果推荐,一般都推荐哪些类型的书目?

(6)在教学过程中,您都从哪些方面指导学生的阅读?

(7)您一般如何检查学生的阅读?

(8)学生在上阅读课的时候,是否能积极参与互动阅读?您通常是如何进行反馈的?

(9)您会对学生的阅读情况进行评价吗?以什么为导向和标准?

(10)据您了解,学生在阅读中存在的最大问题是什么?您是如何解决的?

(11)您觉得课外阅读对学生最大的意义体现在哪些方面?

(12)您认为课外阅读对学生的人生观、价值观、世界观的形成有没有影响?

(13)您对学校关于提升学生阅读情况的举措,有什么更好的建议?

(14)您在阅读教学中,自身还需要得到什么样的教学帮助?

(15)您对初中生的课外阅读有何建议?

非常感谢您的支持与配合!祝您工作顺利、生活愉快!

附录 2　高效阅读训练材料示例

一、高效阅读“诚信”专题之速读

诚信

万俊华

①那天下午 6 点多，该上公交车的人早已上了车，唯独有个小女孩，在车门边来回徘徊。眼看着司机就要开车了，我在想，这小女孩肯定是没钱上车。

②“小姑娘，上车吧，我帮你交车票钱。”当看到我为她刷完卡后，她随即上了车，说了声“谢谢阿姨”，一时脸蛋儿全红了。近距离一看，才发现，小女孩左侧脸上有颗小痣。几天前的一幕不由浮现眼前——

③送走远方的朋友，我从火车站迎着风雨赶到就近的公交车站台，已是下午 5 点多。这时正是下班高峰期，来了几辆公交车，我总也挤不上去。

④雨还在急速地下着，人还在不断地涌来。当又一辆 10 路公交车驶来后，我和许多人一起先往前门挤，但挤不上去。等司机发话后，才从后门好不容易挤上车。车内人头攒动，人满为患。这人贴人的，身体若要移动一下都难。正感叹着我突然感觉好像有一件事还没做。是什么事呢？哦，对了，没买车票。本想挤到前面去交车钱，可大伙儿都好像没事人一样在原地一动不动，根本挤不过去。见此情形，司机也没说什么。这样，我也就心安理得地和大家一样坐了一次免费的公交车。

⑤再转乘 5 路车，前门又开不了，我只好再次从后门挤上车。和 10 路车一样，车内不是鼻子顶鼻子，就是脸靠脸的，甚至连身体和湿雨伞挤在一起，也得忍着。“阿姨，请帮传一下车钱吧。”突然身后一个浑身湿透、年龄约十一二岁的小女孩碰了一下我肩膀，还没等我反应过来，小女孩左手两指夹着一元硬币伸了过来。“好的。”我伸手接过一元硬币，似乎感觉到这钱好烫，仿佛有一股电流一下子通遍全身，脸也不由自主地热了起来。我赶紧将这一元钱向前面的人递了过去。随后我也飞快地拿出了自己的钱包，找到一元硬币给前面的人：“朋友，再帮我传一下。”这时，站在后门的乘客，也都不约而同地像我一样，纷纷掏出自己的钱包，找出一元钱，递给前面的人。

⑥一切又都恢复了平静。不知咋的，冥冥之中，我好像听到有人在与我说话：“你要再给一元钱。”那人说。“为什么还要再给啊？为什么要我给两元钱呢？”

⑦“一元钱虽少，可也不能无缘无故多给吧？”我与之评理，“我多给一元钱，人家非但不会说我好，弄不好，反而有人会说我是傻子呢。没理由的钱我不能给。”一辆10路公交车在我乘坐的5路车前横行而去。看到这辆公交车，我似乎想到了什么。

⑧想到了什么呢？我自己也说不清楚，但左手不由自主地伸向裤袋的钱包中，很费劲地取出一元硬币，让人帮忙传递着投进无人售票车钱箱。

⑨一周之后的一天傍晚，我又乘坐5路公交车。夜色中，一个小女孩来到我的面前：还你车票钱。小女孩还念念不忘还我一元钱。为了还我一元钱，我估摸她天天都在这茫茫人海中寻找着我。还好我今天来了，否则，为了还我一元钱，她不知还要在这儿等候多久。透过这枚硬币，我似乎看到了小女孩那颗金子般的心。

⑩在小女孩面前，我为自己深感惭愧……

（选自2013年2月20日《太原日报》）

检测题

1.本文题目____

2.本文作者____

3.本文出处____

4.那天下午（　　　　）点多，该上公交车的人早已上了车，唯独有个小女孩，在车门边来回徘徊。

A.5　　B.4　　C.6　　D.7

5.小女孩在车门边来回徘徊的原因是（　　）。

A.小女孩在等我　B.小女孩没带钱

C.小女孩迷路了　D.小女孩在等父母

6.我坐公交车（　　）次没交钱。

A.2　　B.1　　C.0

7.站在后门的乘客，因为（　　），都不约而同纷纷掏出自己的钱包，找出一元钱，递给前面的人。

A.车内拥挤不能前去投币　　B.有人与乘客说要求交钱

C.一位小女孩在拥挤的公交车上主动购买车票

D.大家觉悟高，坐车主动交钱

8.小女孩在5路车站等我还钱的原因是（　　）

A.诚实　　B.守信　　C.不愿意无端受到施舍　　D.有爱心的好人

9."我"与故事中的小女孩有三次相遇,这三次相遇按时间顺序概述,应该是(　　)。

a."我"在小女孩无钱买票时帮她垫交了车票钱。

b.小女孩在5路车公交车上要求递交一元车票钱。

c.小女孩在公交车站还我一元钱。

A.abc　　B.cba　　C.cab　　D.bac

10.请用简洁的语言概述这一故事:

训练档案

训练日期:________年____月____日　　　　文章字数:1673字

阅读速度:__________字/分　　　　理解率:______%

二、高效阅读"诚信"专题之猜读

底线

冯骥才

①锁厂老板笑道:"那是什么时候,现在早没影儿了,不信你敞开门试试。"

②一次,一位开锁厂的老板说,他的买卖很兴旺,日进斗金。我问他何以如此发达。他答曰:"现在的人富了,有钱有物,自然要加锁买锁;再有,我的锁科技含量高,一般技术很难打开,而且技术不断更新,所以,市场总在我手里。"

③我说:"上世纪50年代真有。到了70年代,我住在一座房子的顶楼,门上只有个挂钩,没锁。白天上班,把门一关钩一挂,从来没被人偷过。"

④我笑道:"我的一位好朋友说,世界上他最不喜欢的东西就是锁,因为锁是对人不信任,是用来防人的。"

⑤底线无形地存在于两个地方。一在社会中,一在每个人心里。如果人们都降低自己的底线,社会的底线一定下降。社会失去共同遵守的底线,世道人伦一定败坏。如果人人守住底线,社会便拥有一条美丽的水准线——文明。

⑥锁厂老板眉毛一挑说:"不防人防谁?我赚的就是防人的钱。你以为这个世上真有夜不闭户的地方吗?"

⑦然而,这两个底线又相互影响。关键是在碰到低于你的底线的人和事时,究竟是降低自己的底线,随波逐流;还是坚守自己,洁身自好,坚持一己做人

做事的原则？有人说，在物欲和功利的社会里，这底线是脆弱的。其实，即使社会的底线很脆弱，人的底线依旧可以像钢铁长城，任凭炮火肆虐，依旧牢不可破。

⑧我笑了笑没再说，我信他的话。一个物欲的时代和一个非物欲的时代，人的底线是不同的。社会的底线也在下降。在商业博弈中，谎话欺骗全成了“智慧”；在社会利益竞争中，损人利己成了普遍的、可以获利的现实；诚信有时候非但无从兑现，甚至成为一种商业的吆喝或陷阱。在这样的社会形态中，人的底线不知不觉在下降。

⑨人的自信是建立在底线上的。一个人只有守住底线，才能获得成功的自我与成功的人生。

⑩人总得有自己做人做事的底线。其实，这底线原本是十分清楚的。比如，人不能“见利忘义”“卖友求荣”，不能“虐待父母”“以强凌弱”等等。这些古来世人皆知的底线，也是处世为人的标准，似有被全线突破的忧虑。

（选自《杂文选刊》2013年第7期，有改动）

训练题目

原文各个段落之间的顺序已经打乱，请重新排序。

三、高效阅读“诚信”专题之复述

四便士

迪安·斯坦雷

在爱丁堡，我和一名绅士在一个非常寒冷的夜里，站在一所旅馆的门前。这时，一个小男孩过来了。他的脸蛋枯瘦而铁青；脚上什么也没穿，已经冻得通红通红；披在身上的，只是一缕破布条而已。他走到我们面前说：“求求您，先生，买几盒火柴吧！”

“不，我们什么也不要。”

“可是它们一盒才要一个便士。”小家伙哀求道。

“是的，可是你知道我们是一盒火柴都不需要的。”

“那么，我两盒只要一便士。”小男孩最后说。

为了摆脱他，我买了一盒，可是我没有零钱给他，于是我对他说：“我明天再买。”

“喔，请买下它们吧。”小男孩再次哀求，“我可以跑去把零钱找开。我实在太饿了。”

于是，我给了他一先令，他跑远了。我在那儿等着，可是一直不见他回来。

于是我就想，我把一先令丢了。可是我仍然相信小男孩那张脸，不愿把他往坏处想。

深夜的时候，一位侍者进来说，一个小男孩想见我。当他被带进来的时候，我才知道他是拿走我那一先令的小男孩的弟弟。他同样衣衫褴褛、贫穷、消瘦。他在门口站了一会儿，捻着自己的衣襟，好像在寻找什么东西似的。然后他说："您是从桑狄那儿买了一盒火柴的那位先生吗？"

"是的！"

"哦，那么，这是一先令剩下的四便士。桑狄不能来了，他非常糟糕。一辆马车撞上他，把他撞倒了。他丢了帽子，丢了火柴，也把您的钱丢了。他的双腿断了，他非常糟糕，医生说他活不了啦。这是他能够给您的找头。"

可怜的小男孩把四便士放在桌上，然后伤心地哭了。我把小男孩安慰了一番，然后就和他一起去看桑狄。

我发现两个小家伙和他们肮脏、酗酒的继母生活在一起。他们自己的父母已经死了。我看到可怜的桑狄躺在一堆木屑上面。我一进去，他就认出是我。他说："我换了找头，先生，正要回来，一匹马把我撞倒了，我的双腿断了。鲁比，小鲁比！我肯定活不了了，我走了，谁来照看鲁比？你将怎么办？鲁比？

我拉住可怜的桑狄的手，告诉他说："我将永远照顾鲁比。"他懂得了我所说的，使劲地看着我，好像要向我表示谢意。然后，光彩从他蓝色的眼睛里消失了。

（选自《小故事大道理》）

复述能力训练思路参考

本文故事是：一个靠卖火柴维持生活的小男孩——桑狄，在为给"我"找零钱而穿过马路时，不幸被马车轧断双腿，临死前托付弟弟还零钱，还牵挂着弟弟没人照顾。"我"深受感动，答应永远照顾他的弟弟，最后桑狄怀着感激之情死去。本文语言平实，却闪现着作者对桑狄的无比同情和深深的敬意，充盈着诚信的精神光辉。

本文以事情发生的地点为支点，可以分为三部分：

第一部分（开头——不愿把他往坏处想）：旅馆前。

先讲小男孩乞求"我"买火柴，"我"没有零钱，小男孩去找零钱没有回来。

第二部分（深夜的时候——然后就和他一起去看桑狄）：旅馆内

深夜，桑狄的弟弟来送零钱，告诉了"我"桑狄被撞的事，"我"去看桑狄。

第三部分（我发现——最后）桑狄家

快要死的桑狄最牵挂自己的弟弟，"我"很受感动，决定照顾鲁比，桑狄悲惨地死去。

附录3 经验推广材料

一、省市经验交流

(一)山东省素质教育论坛经验交流材料(2012)

以课题研究为载体 科学推进语文教研教改

【内容摘要】海阳市行村二中着力转变学生的学习方式和学校的教研教改方式,以推进新课程改革的实施,促进学校教学工作由经验型向科研型转变。学校以语文学科教学为突破口,一方面,通过课题拉动协作攻关,实现语文教改科研化。在反思教学实践的基础上,确立研究课题,着力破解教学难题,并对语文学科改革进行整体规划,成立多个研究小组推进教学改革。另一方面,通过教研模式的重构和团队激励,推动语文教研科学化,以科研的方法创造性地开展教研活动,并着力打造形式多样的研究团队,构建起立体化的语文教研网络。

海阳市行村镇第二初级中学位于地雷战的故乡——行村镇赵疃村,是一所拥有在校师生五百多人的农村中学。多年来,学校的教育教学均保持着优异的成绩。尤其是2000～2003年,学校教学成绩均以绝对优势名列海阳市前茅。随着新课程改革的实施和山东省规范办学要求的提出,学校领导审时度势,对于学校在新的发展时期如何成功转型进行了深入调研分析。我们发现,过去优异成绩的取得,很大程度上是以牺牲师生休息时间、大量强化练习为代价的,学生虽然成绩优异,但其自主探究能力、创新能力和综合素质较低。学校教学已不能适应新课程改革提出的“关注学生发展、强调教师成长、重视以学定教”的基本理念。我们意识到,着力转变学生学习方式,学会以科研的方法做教研、搞教改,已经成为学校实施新课程改革,促进学校教育教学由经验型向科研型转变的迫切要求和必由之路。在深入调研分析的基础上,学校决定以师生反响较大、师资力量相对较强的语文学科为突破口,实施语文学科教研、教改的科研化策略。

一、课题拉动,协作攻关,实现语文教改科研化

(一)反思实践,破解教学难题

学校组织语文教师对语文教学现状进行了深入反思,通过与新课程理念的对照并进行问卷调查和专题研讨,我们发现,当前学校语文教学亟待解决的问题有三个:一是阅读教学中,学生的学习方式亟须由“满堂灌”的被动接受型向

新课程强调的“自主、合作、探究”的学习方式转变；二是写作教学指导较少且混乱无序，学生对写作缺乏兴趣；三是学生课后作业形式单一且数量较大，学生及家长对此反响较大。由此，学校将这三个方面的问题确定为语文学科教学亟须解决的重点问题。

为有效解决这些重点问题，确保研究效果，学校秉持“问题即课题，行动即研究，成长即成果”的小课题研究理念，将这三个方面的问题进行提炼分解，申报并立项为海阳市小课题，进行科学研究。由此，全校语文教师形成了若干个课题研究小组，实现了人人有课题、人人做研究。自2008年以来，我校语文教师在阅读教学方面，先后有“初四语文个性化阅读‘三部曲’的研究”“初中语文个性化教学的研究”“初中语文探究性阅读教学的研究”三个课题被确立为海阳市小课题并顺利结题，“初中语文高效阅读教学模式的研究”被确立为海阳市重点研究课题；在写作教学方面，学校先后有“初四作文教学讲评方法研究”“提高初一学生记叙文写作水平的策略研究”“农村初中作文创新训练的策略研究”三项海阳市小课题立项并结题，“中小学‘生命化本真作文’教学研究”被确立为烟台市“十二五”教育科学规划重点研究课题，已取得阶段性成果；在作业设置方面，烟台市“十一五”教育规划课题“初中课外作业的设置与批改评价研究”已经顺利结题。

以上课题的研究，有效解决了学校语文教学中存在的突出问题，促进了语文教学向新课程改革要求的方向加速发展。在研究过程中，全校语文教师也极大地提高了自己的理论水平和实践能力，为今后的专业发展和学校语文学科的跨越发展奠定了坚实的基础。

（二）整体规划，多点纵深推进

通过课题研究，我们基本解决了语文阅读和写作教学中亟须解决的一些重点问题。但我们发现，这些问题仍停留在实践中的局部环节，没有从根本上对阅读教学进行全面的反思和改进。阅读教学亟须从整体上进行研究，以实现课堂教学“顺学而导”理念与“因学定教”“以学论教”的全面融合。而要实现阅读教学的系统化改革，仅凭个人的单打独斗是不可能实现的。因此，学校决定以科研的方式，组织全校语文教师进行协作攻关。

为了避免粗放式低效研究，借鉴以往的研究经验，本次语文教改仍然按照课题化方式进行运作。我们将语文阅读与写作教学改革的研究背景定位在新课程改革要求下的阅读教学的学生学习方式的改变，即由研究阅读教学的怎么教，转向研究阅读教学中学生怎么学的问题。课题研究的依据即新课程改革的有关理论和新课程标准的相关要求。在反思以往语文教学实践的基础上，我们发现语文导学提纲已经成为落实“因学定教”理念、实现学生自主合作学习的重要载体，但实现这一目标的前提是学生充分的预习，即真正意义上的“先学后教”。而课前预习环节恰恰是语文教学的“盲区”和“软肋”，不受重视且管理粗放，学生在没有实现自主学习的基础上便开始了“合作探究”和接受式学习。同时，在课堂教学的组织中，以学生学习为核心的理念也并未得到真正落实，教师主导并“霸占”课堂、学生被动接受的现象仍比较严重。教师的教学内容仍局限于教材，对学生阅读能力和阅读视野的关注较低。以上问题能否解决，关系着我们能否真正落实新课程改革理念，实现学校语文教学水平向纵深发展。在以上分析的基础上，我们确立了语文学科教改的三个研究核心：预习设计、课堂展示、阅读整合。

确立了研究核心后，我们随之确定了课改的研究重点是语文预习提纲的设计、语文展示课堂的建设、精读课文与略读课文的整合、语文阅读能力的培养。由此确定了四个研究目标：一是研究语文预习学案的科学编制，二是研究展示语文课堂的教学组织策略，三是研究精读与略读课文或课外文章的整合阅读方法，四是设计初中生现代文阅读能力的系统培养方法。在此基础上，整合全校语文教师的力量，根据教师专长进行分工，分别成立了四个课题研究小组，明确了研究时间，绘制了语文教学改革的路线图，从多个研究点进行纵深推进。

由于学校语文教师团队在以往的课题研究中积累了丰富的经验，具备了一定的教育科研理论水平和实践能力，在本次语文教改中大家团结协作推进科学研究，取得了较为丰硕的研究成果。在语文预习案的编制上，我们改变了以往的粗放式预习方式，代之以明确的预习学案，其基本模式是“导（介绍作者及背景、文章相关评价、还原写作过程或提供关键信息）——读（将课文读通读顺、根据体裁特点进行相应的批注阅读、对文章进行整体感悟）——测（对预习效果进行检测）——疑（学生多角度提出自己疑惑的问题）”，促进了学生学习方式的根本转变，为落实“先学后教”提供了重要的实践抓手。我们又将语文展示课堂分为“预习展示”“自主学习”“合作探究”“检测迁移”四个板块，将课堂真正还给了学生，实现了“因学定教”。我们还将现代文阅读能力分解为若干能力点，由语文老师分工研究，确定各能力点的培养方法，构建了学生现代文阅读能力的系统培养体系，实现了研究成果的资源共享。

二、模式重构，团队激励，实现语文教研科学化

（一）创新模式，教研“联姻”科研

在研究成果面前，我们也深刻地认识到，这些研究虽然为学校语文教学整体思路提供了科学架构，但能否得到真正落实，还取决于课堂教学环节的执行力。因此，改进现有的教研组教研模式，使之适应课题成果的应用与创新，落实“先学后教”“因学定教”“顺学而导”等新课程理念，就显得尤为迫切。因此，学

校开始酝酿从宏观的教学管理层面，推进语文教研的科研化管理，从科研的视角指导教学和教研，而不是仅仅停留在微观问题的解决上。在充分学习有关理论的基础上，学校以海阳教研室副主任车言勇的有关理论为指导，重点对课前设计与课后诊断两个关键环节进行研究。课前设计环节，重点推进“因学定教”理论为指导的语文课前设计策略，其基本模式是“主题教研→集体备课→个人修改→行为跟进”。语文组制定好研讨计划，提前公布研究主题，教师通过问卷调查等方式对学情进行分析，确定出学生学习中存在的普遍性问题和个别化问题，最后进行个人备课，设计出对各类问题的解决方案。按照研讨计划，语文组全体老师参加集体备课，通过主持人的不断追问，实现教师的深度思考，最终实现学生学习难点的方法突破，形成通用教案，然后经过个人修改，调整成适合本班学生的实用教案。在课后诊断环节，我们坚持“以学论教”的理念，将学生的“学”作为评价教师的“教”的核心标准，重点实施了以课堂观察为主体的课后诊断策略。利用定点观察、试卷检测、自我反思、集体会诊的研讨形式，使课后反思与评价理性化、科学化，更好地适应了课堂教学。课前设计与课后诊断两个环节的科学研究，使语文教研的科学性得到了提升，促进了语文教研的科研化。

（二）打造团队，构建教研网络

学校还积极创新教研形式，构建起立体化的语文教研网络。一是加强了课题组建设，以课题研究为抓手，扎实开展行之有效的研究活动。我们加强了科研理论培训工作，就教育科学研究方法与过程对教师进行了系统的理论培训，围绕如何制定研究方案、如何应用课题研究方法等均做了具体的指导，既为团队成员进行课题研究提供了理论支撑，又消除了他们对科研的神秘感、距离感，为课题研究打下了坚实的基础。学校定期组织各课题组长召开座谈会，反馈、交流各组在开展课题研究中所取得的成绩、遇到的困难，帮助解决相关问题。在课题组成员的共同努力下，共完成课题教学反思、教学心得、教学设计等 148 篇，出示校级、县级观摩课等 20 多节，所有课题研究均取得了可供借鉴的研究成果。二是建立网络教研群落，充分利用互联网推进学习、交流。每位成员围绕所参与的课题充分利用网络资源进行学习，通过邮箱随时联系，通过博客、QQ 研讨群等进行交流研讨，形成资源共享、伙伴互助的教研格局。三是开展语文论坛活动。为了发挥语文团队骨干成员的引导和带动作用，促进广大教师学榜样、谋发展，我校组织语文教师开展语文论坛活动。论坛每月组织一次活动，每次围绕一个研讨主题，语文教师依据各自的教学实践并提出自己的见解或困惑。学校专题组织团队成员观摩、分析名师的课堂实录与片段，反思与丰盈自己的课堂教学；引领团队成员对打造有效高效课堂教学进行深入探索，使教师相互学习、取长补短，形成了浓厚的科研气氛。语文教师通过参加丰富多彩的论坛活动,既提高了自己的理论和实践水平,又积累了教育科研素材。

经过几年的实践探索,我们构建了立体化的语文教研网络,进一步加强了我校语文学科的研究型团队建设,营造了良好的校本研究氛围,促进了语文教师专业素养的提升和语文学科整体教育教学水平的提高。我们坚信,实施课题研究,是有效破解语文学科教学实践难题,实现研究主体向一线教师转移,促进教师专业成长的有效途径。只有实现教育科研与教研教改的有机结合,才能为学科教研活动指引正确的方向,注入强大的动力,真正实现“教研出课题、科研做文章、成果进课堂”。今后,我们将在推进教学科研一体化的道路上继续探索下去。

(二)烟台市第七届教育科研工作会议交流材料(2013)

专业定向　课题引领　打造有影响力的教育科研团队

近年来,海阳市行村镇第二初级中学通过专业定向、课题引领的方式,以语文骨干教师为主体,着力打造有影响力的教育科研团队,使教师的专业发展经历了从被动发展到主动发展的过程。教育科研团队在学校语文教师自愿报名的基础上组建而成,共有语文骨干教师7人、中层领导2人,并邀请校长担任顾问。经过团队成员集体讨论,教师们普遍认同把研究方向确立为语文阅读教学改革。其总体目标为:构建适合我校实际的语文阅读教学整体改革体系,真正落实“顺学而导”和“因学定教”教学理论。经过两年的探索,取得了一定的成效。2012年12月,我校成功举办了海阳市语文阅读教学改革现场会,学校语文学科教学改革的经验先后在海阳市教研室、烟台市教科院、山东省教育厅等单位组织的有关会议中进行过交流。下面就我校教育科研团队的发展历程及有关做法做一汇报。

一、基于校情,协作攻关,以团队力量破解教学改革的核心问题

教育科研团队将阅读教学改革的研究背景定位在新课程改革要求下的阅读教学中学生学习方式的改变,即由研究阅读教学怎么教,转向研究阅读教学中学生怎么学的问题。在反思以往语文阅读教学实践的基础上,我们发现语文导学提纲已经成为落实“因学定教”理念、实现学生自主合作学习的重要载体,但实现这一目标的前提是学生充分的预习,即真正意义上的“先学后教”。而课前预习环节恰恰是语文教学的“盲区”和“软肋”,不受重视且管理粗放,学生在没有实现自主学习的基础上便开始了“合作探究”和接受式学习。在课堂教学的组织中,以学生学习为核心的理念也并未得到真正落实,教师主导并“霸占”课堂、学生被动接受的现象仍比较严重;教师的教学内容仍局限于教材,对学生阅读能力和阅读视野的关注较低。以上问题能否解决,关系着我们能否真正落

实新课程改革理念、实现学校语文教学水平向纵深发展。在以上分析的基础上，我们确立了教育科研团队的三个研究核心：预习设计、展示课堂、阅读整合。

接下来，我们对语文教学进行了大胆的教学流程再造，确定了课改的研究重点是预习提纲设计、展示课堂建设、精读课文与略读课文的整合、语文阅读能力的培养。由此确定了四个具体化了的研究目标：研究语文预习学案的科学编制；研究语文展示课堂的教学组织策略；研究精读与略读课文或课外文章的整合阅读方法；设计初中生现代文阅读能力的系统培养方法，组织团队成员进行协作攻关。

一是发挥特长，分工研究。基于以上分析，我们整合全校语文教师的力量，根据教师专长进行研究工作的自主选择，分别成立了四个课题研究小组，明确了研究时间，绘制了语文教学改革的路线图，从多个研究点进行纵深推进。由于教育科研团队成员在以往的课题研究中积累了丰富的经验，具备了一定的教育科研理论水平和实践能力，在本次语文教改中，大家团结协作，科学研究，取得了较为丰硕的研究成果。

比如主动承担研究预习案的两位老师，为了解决预习效率低的问题，在全校学生中进行了一次名为“预习的困难”的问卷调查，向学生们了解了他们在预习中遇到的困难。在此基础上两位老师又组织语文教师反思学生的预习情况，对学生课前预习存在的问题进行了集中梳理。主要包括以下几条：没有充足的时间保证预习的效果，预习的内容不明确，缺少有效的预习步骤与方法的指导。为了有针对性地解决这些问题，我们面向全校语文老师进行征集解决方案。最终，两位业务能力强的老师进行了文献研究。他们找到了叶圣陶在《论国文精读指导不只是逐句讲解》中提出的观点：“学生在预习的阶段，固然不能弄得完全头头是道；可是教他们预习的初意本来不要求弄得完全头头是道，最要紧的还在让他们自己“动天君”(苏州方言，动脑筋的意思)。他们动了天君，得到理解，当讨论的时候，见到自己的理解与讨论结果正相吻合，便有独创成功的快感；或者见到自己的理解与讨论结果不甚相合，就作比量短长的思索。”①

二是多轮研讨，集体攻关。经过团队成员的分工研究，大家对各自负责的研究课题进行了初步的探索，形成了一定的教学策略，但仍有许多困惑之处，教学策略也不完善。因此，我们组织团队成员展开了多轮研讨，进行资源共享和思维碰撞，通过反复研讨，在问卷调查和文献研究的基础上，我们改进了预习方式，通过以下措施落实“先学后教”：一是保障时间，每篇重点课文的预习都安排一节晚自习(学生住校)的时间进行；二是明确内容，以预习学案的形式将预习

---

① 具体内容可参见叶圣陶：《叶圣陶语文教育论集》，教育科学出版社 1980 年版，第 67 页。

内容明确出来，并注意问题设置的层次性；三是加强指导，在每一项预习内容后都注明相应的学法指导，教给学生预习的方法。在语文预习案的编制上，我们扬弃了以往的粗放式预习方式，代之以明确的预习学案，其基本模式是“导”（介绍作者及背景、文章相关评价、还原写作过程或提供关键信息）——“读”（将课文读通读顺，根据体裁特点进行相应的批注阅读，对文章进行整体感悟）——“测”（对预习效果进行检测）——“疑”（学生多角度提出自己疑惑的问题），促进了学生学习方式的根本转变，为落实“先学后教”提供了重要的实践抓手。我们将语文展示课堂分为预习展示、自主学习、合作探究、检测迁移四个板块，将课堂真正还给了学生，实现了“因学定教”；我们将现代文阅读能力分解为若干能力点，由语文老师进行分工研究，确定各能力点的培养方法，形成了学生现代文阅读能力的系统培养体系，实现了研究成果的资源共享。

团队成员的协作攻关，有效破解了学校语文教学中亟待解决的核心问题，明确了语文预习学案的科学编制方法，摸索出了语文展示课堂的有效组织策略，实现了精读课文与略读课文、课外文章的有效整合，从根本上提升了阅读教学效果，学生阅读能力和语文素养显著提高。

二、立足课题，聚焦课堂，以行动研究促进团队成员的共同成长

我校教育教研团队成员普遍形成这样一种共识：一线教师要实现从“经验型”到“科研型”的转变，必须依托教育科研的力量，以课题研究为抓手，在行动研究中破解课堂教学的实践难题，从而加速自身的专业成长。

（一）明确方向，突出特色，实施以课题研究为依托的团队发展策略

经过教育科研团队的努力，我校初步构建起符合实际的语文阅读教学整体改革体系。为深入实现团队发展的目标，突出教师研究特色，我们引导团队成员确定各自的研究课题，实施以课题研究为主要形式的校本研修策略。

一是聚焦现实，科学立项。团队成员对语文教学现状进行了深入反思，通过与新课程理念进行对照并组织问卷调查和专题研讨，梳理了当前学校语文教学中亟待解决的问题。教科研团队秉持“问题即课题，行动即研究，成长即成果”的研究理念，将这些问题进行提炼分解，申报并立项为研究课题，进行科学研究。

二是突出特色，强化管理。团队成员自主选择自己感兴趣的课题进行研究，将自身的专业发展与课题研究紧密结合，突出研究特色，形成研究专长，实现了人人做课题、人人有特色。为了防止课题研究流于形式，我们强化了课题研究的过程管理，要求团队成员每个月至少要完成三个“一”：组织一次内容实在的课题研究活动，开放一节高质量的课题观摩课，撰写一篇高质量的论文。

自 2008 年以来，我校教育科研团队成员在阅读教学方面，先后立项并结题

“初中语文高效阅读教学模式的研究”等三个海阳市小课题和一个海阳市重点研究课题，“初中语文‘三段式’阅读教学研究”正在申报省级研究课题；在写作教学方面，学校先后立项并结题“农村初中作文创新训练的策略研究”等三项海阳市小课题，“中小学‘生命化本真作文’教学研究”等两个课题被确立为烟台市“十二五”教育科学规划重点研究课题并已取得阶段性成果。2013 年 4 月，“中小学‘生命化本真作文’教学研究”课题又被批准为国家教师科研基金“十二五”规划全国重点课题“中小学教育资源创新应用研究”的子课题。在作业设置方面，烟台市“十一五”教育规划课题“初中课外作业的设置与批改评价研究”已经顺利结题。

以上课题的研究，有效解决了学校语文教学中存在的突出问题，促进了语文教学向新课程改革要求的方向加速发展。教科研团队成员在研究过程中极大地提高了自己的理论水平和实践能力，为自身的专业发展和学校语文学科的跨越发展奠定了坚实的基础。团队成员中有两名教师被确定为海阳市初中语文骨干团队成员和海阳市教育科研骨干团队成员，多次在海阳市初中语文及教育科研工作会议中出示公开课或进行典型经验交流。

（二）模式重构，明确流程，扎实推进教科研团队的有效教研

在课题研究的成果面前，我们也清醒地认识到，这些成果的取得，虽然对学校语文教学整体思路进行了科学架构，但能否得到真正落实，还取决于课堂教学环节的执行力。我们反思了原有的教研组工作模式存在着诸多问题：自上而下集权管理，教师疲于应付检查；教师的事务性工作多、繁、杂；教研氛围不浓，老师各自为战；粗放管理，统筹简单化；教师难以发挥自身智慧和创意，研究自主性、独立性被忽视。因此，改进现有的语文教研模式，使之适应课题成果的应用与创新，落实“先学后教”“顺学而导”“因学定教”等新课程理念显得尤为迫切。基于此，教育科研团队开始酝酿从宏观的教学管理层面推进语文校本教研的科研化管理，用科研的视角指导教学和校本教研，而不是仅仅停留在微观问题的解决上。

在充分学习有关理论的基础上，我们以教科所车言勇主任的高效课堂有关理论为指导，重点抓住课前设计与课后诊断两个关键环节进行研究。课前设计环节，重点推进了“因学定教”理论为指导的语文课前设计策略，确立了“主题教研——集体备课——个人修改——行为跟进”的基本模式。

共同体制定好研讨计划，提前公布研究主题，教师通过问卷调查等方式对学情进行分析，确定出学生学习中存在的普遍性问题和个别化问题，最后进行个人备课，设计出对各类问题的解决方案。按照研讨计划，语文组全体老师参加集体备课，主持人通过不断追问推动教师进行深度思考，最终实现对学习难

点的教学方法突破并形成通用教案，然后经过个人修改，调整成适合本班学生的实用教案。

在课后诊断环节，我们坚持“以学论教”的理念，将学生的“学”作为评价教师的“教”的核心标准，重点实施了以课堂观察为主体的课后诊断策略。利用定点观察、试卷检测、自我反思、集体会诊的研讨形式，使课后反思与评价理性化、科学化，改进了课堂教学。通过课前设计与课后诊断两个环节的语文科研活动，我校的语文教研科学化水平得到了极大提升，实现了语文教研与科研的有机融合。

三、管理有力，形式创新，以立体网络构建团队发展的运行机制

教育科研团队作为学校教师自主形成的校内组织，其健康发展不能依靠简单的行政命令和强力的制度约束，而应当着眼于激发教师专业发展的主动性，创新管理形式，力争构建立体化教研网络以服务于教师的专业发展和教学研究。

（一）加强课题组建设

为了提高成员的教育科研水平，帮助成员掌握课题研究的方法和路径，教育科研团队加强了各课题组的建设。一是进行理论学习，加强了对教师的教科研理论培训工作，特别是围绕教育科学研究方法与过程进行了系统的培训；二是加强骨干引领，骨干教师主动承担课题研究方案的制定、课题研究方法的运用等方面的具体指导，既为团队成员进行课题研究提供了理论支撑，又消除了他们对教科研的神秘感、距离感，为课题研究打下了坚实的基础；三是重视交流互助，利用教育科研团队的主动研修时间，团队成员定期组织各课题组长召开座谈会，反馈、交流各组在开展校本教研活动中所取得的成绩、遇到的困难，对需要得到帮助的问题进行研讨。在课题组成员的共同努力下，本学期，我校教科研团队成员共完成高质量的课题教学反思、教学心得、教学设计等 148 篇，出示校级、县级优质课、观摩课等 20 多节，发表县级以上论文 20 余篇，所有课题研究均取得了可供借鉴的研究成果。

（二）开展“新语文论坛”

为了发挥团队骨干成员的引导和带动作用，促进广大教师学榜样、谋发展，我校教科研团队借鉴先进经验，自发组织开展了“新语文论坛”活动。论坛每月组织一次活动，每次围绕一个研讨主题，团队成员介绍各自的教学实践情况并提出自己的见解或困惑。团队成员观摩、分析名师的课堂实录与片段，研讨反思自己的录像课，对打造高效的课堂教学进行深入探索，展现出浓厚的科研气氛。例如 2013 年，我校邢晓波、曲新美两位老师参加了在青岛举办的全国初中作文教学名师观摩活动后，邢晓波老师回校执讲了一节作文教学公开课“突破

选材难关”。团队成员观摩后开展了一次作文教学专题研讨活动，对作文教学的有效实施进行了深入研讨。教师通过参加丰富多彩的“新语文论坛”，既提高了自己的理论和实践水平，又积累了教育科研素材。

（三）建立网络校本教研群落

为了拓展学习资源、开阔教育视野、加强交流互动，教育科研团队充分利用互联网进行学习、交流，每位团队成员围绕所参与的课题充分利用网络资源进行学习，通过邮箱随时联系，通过博客、QQ研讨群等进行交流研讨，形成资源共享、伙伴互助的校本教研格局。

立体化语文校本教研网络的构建，进一步加强了我校教科研团队的建设，营造了良好的校本研究氛围，促进了教师的专业化成长，构建起多元开放的校本教研机制，实现了研究重心的下移，提升了语文教师的专业素养和语文学科的整体教育教学水平。更为可喜的是，在语文教科研团队的带动下，我校其他学科以专业定向为特点的校本研修共同体也正在悄然发生着变化，教师们对校本研修的态度正由原来的被动消极逐渐向主动积极的方向改变着。

实践证明，通过课题引领、打造以学科组为基本形式的教师教育科研团队，学校初步实现了“教研出课题、科研做文章、成果进课堂”。同时，这也给教师们提供了足够的主动发展空间，有效破解了教育教学实践难题，为教师的专业成长提供了一条有效途径。

（三）烟台市教科院组织的“教科研之旅——莱州行”经验交流材料(2014)

实施“三段”教学，运行读写双轨，建设课程资源

海阳市行村镇第二初级中学位于地雷战遗址所在地——行村镇赵疃村，是一所拥有在校师生五百多人的农村初中。在过去相当长的一段时间内，学校教学成绩一直稳居海阳市前列。新课程改革实施以来，学校基于实现学生“自主、合作、探究”的学习方式，于2008年起实施“学案导学”教学模式。在此基础上，学校以语文教材整合为抓手，进行课程资源建设，并结合烟台市“大量读写、双轨运行”教学模式，在深入研究叶圣陶语文教学有关论著、“和谐高效、思维对话”型课堂建设理论以及余文森有效教学等相关文献的基础上，学校对语文学科教学改革进行了整体设计，并在实践中不断进行修正，最终确立了语文学科三段式教学模式：预习课—分享课—拓展课，即以语文教材的重点课文为依托，将每篇重点课文的教学分三课时来进行。第一课时为预习课，第二课时为分享课，第三课时为拓展课。

一、预习课：让教材真正成为学生自主学习的“例子”

学生是学习和发展的主体。语文课程必须符合学生身心发展的规律和语文学习的特点，激发学生求知欲，提高学生的语文素养和能力。叶圣陶先生在几十年前就曾指出：“教材无非是个例子。”①教师如何做到将教材当作“例子”？如何用好教材的“例子”功能呢？如果一味追求将教材讲深讲透，就会在不知不觉中把自己束缚在教科书中，成为教材的奴隶，降低了教学的思维含量，造成学生学习效率的低下。因此，我们及时转变旧有的教材观，重新认识教材的功能，树立正确的开放的教材观，把教材作为学生学习的材料，作为传承文化的一种载体。学校实施“学案导学”教学模式以来，我们认为，语文导学提纲已经成为教师落实教材的“例子”功能、落实“因学定教”理念、实现学生自主合作学习的重要载体，但实现这一目标的前提是先有学生充分的预习，即力行真正意义上的“先学后教”。而课前预习环节恰恰是语文教学的“盲区”和“软肋”，一直以来不受重视且管理粗放，学生往往在没有进行充分自主学习的情况下便开始了“合作探究”和接受式学习。

鉴于以上分析，我们专门安排一节预习课让学生进行预习，预习课上教师以精心设计的预习学案为抓手，引领学生充分自学。预习学案模式体现着教学观念的根本变革，体现着从教师怎样教的“教案”到学生怎样学的“学案”的根本变化。预习学案引导下的教学，是培养学生自主学习、合作学习、探究学习的行之有效的方法。预习学案重在引领学生思维，教给学生学法，调动学生积极性，让学生自主地对文章进行感知、理解、体会、迁移，从而发展各自的语文能力。在语文预习案的编制上，我们改变了以往的粗放式编制方式，代之以明确化的一系列要求。预习学案的基本模块是：

(1)“导”是介绍作者及写作背景、课文的相关评价等，提供能够让学生还原写作过程或深入理解文本的关键性信息，起到导学、导读的作用。

(2)“读”是将课文读通读顺，根据体裁特点进行相应的批注阅读，对文章进行整体感悟和赏析品味。包括：初读，扫清文字障碍，了解作品信息；细读，整体感知课文，把握文章大意，体会思想感情；精读，品味赏析语句。

(3)“测”是对预习效果进行检测。预习临近结束时，以预习检测的形式检验学生的预习情况。

(4)“疑”是学生必须对文本提出自己的疑惑，可多角度提出自己的问题。提出问题不能漫无边际，教师也可给学生提供几个角度，以启发学生的思维。

教师在编写预习学案时，应注重学生能力的培养和阅读方法的引领、情感

① 参见叶圣陶：《叶圣陶语文教育论集》，教育科学出版社1980年版，第161页。

思想的教育,我们要求教师必须在每一个预习环节标注上明确的学法指导。抓好学生预习,精心设计预习学案,促进学生学习方式的根本转变,这些做法为落实“先学后教”提供了重要的实践抓手。预习课上,学生在无干扰地感知文本的基础上,以自主学习为主,以预习学案为依托,根据预习学案的方法指导进行自主学习,完成预习目标。预习结束前学生们可进行短时间的讨论交流,未解决的问题和自己的疑惑则留待分享课上解决。

二、分享课:在交流合作中打造生本课堂

学校发展的核心在于课程建设,语文课程应致力于学生语文素养的形成与发展,从而为学生学好所有课程打好基础,为学生全面发展和终身发展打好基础。我们摒弃课堂上教师大量解析繁复无用的知识点的陈旧做法,给学生更大的思维空间,让他们在交流分享中获得知识、形成能力、培养创造性思维,打造以生为本的厚重课堂、本色课堂、灵动课堂。

分享课的核心是“分享”。分享有别于展示,包括学生的分享和教师的分享,让学生在与老师、同学的交流过程中分享智慧,分享学习过程中的思考和经验,实现共同成长,享受认同、尊重、交锋与重建的愉悦过程。这是一种以学生为主体、以教师为主导的分享,不是杂乱无章和教师缺位。我们要求教师设计好分享课的教学简案,通过话题切入或主问题设置等方式进行分享教学,设计好分享“路线图”,避免分享的杂乱和低效。将课堂真正还给学生,使之成为学生展示自我的舞台,成为师生互助分享的平台,如此才能落实“因学定教”和“顺学而导”的教学理念。我们将语文分享课堂分为三个板块:

(1)预习点评。教师对预习情况进行点评,表扬优秀小组和个人、进步较大的小组和个人,点讲学生出错较多的知识点。预习点评的组织根据预习的情况进行,有些环节也可以由学生总结,如生字词的易错处提示等。

(2)师生分享。分享不是只对导学提纲中设置问题进行答案对照,而是要求教师通过批阅导学提纲了解学生的思维状态,了解学生学情。在此基础上,通过设计巧妙的课堂活动来引导学生对预习进行展示,师生分享各自的阅读体会,从而实现“顺学而导”。在分享过程中,有效组织生生之间、师生之间等多层次的对话交流,不断碰撞智慧,生成精彩。

(3)当堂检测。教师紧扣教学目标设置相关问题,检测学生对于教学目标的达成情况。

三、拓展课:立足大量读写,建设课程资源

在课程实施中,教师担负着建设课程资源的重任。语文课程应该是开放而富有创新活力的,并根据学生、社会的需求不断进行调整和更新。烟台市语文“大量读写、双轨运行”的教学模式着眼于从根本上提高学生的语文水平和语文能力。它要求把语文教学时间一分为二，将 3/5～4/5 的时间用于传统意义上的课堂教学，完成以教科书为基本框架的语文课程资源的学习；安排 2/5～1/5 的时间进行课外“自由读写”活动，扩大学生的读写总量。这就要求我们语文教师必须灵活地进行教材整合，立足大量读写，建设好语文课程资源。在拓展课中，我们合理进行教材整合，同时有针对性地进行阅读能力和写作能力的拓展训练。

（一）教材整合——课内课外双轨运行

“课外阅读”是语文“大量读写、双轨运行”教学模式的第二条轨，也是最具活力、最能体现“双轨”教学特色的一条轨。同时，鉴于现代文课外阅读一直是初中语文教学的一大难点这一现实，我们通过教材整合的方式将课内精读课文与略读课文进行整合，将课内阅读和课外阅读进行整合，提升了课外阅读的教学效果和学生的阅读能力，从而实现了课程资源的开发与建设。

1.精读课文和略读课文的整合拓展

教师根据学生在精读课文学习中的能力点，在拓展课中通过整合略读课文对学生的掌握情况进行强化。例如，在讲授《死海不死》时，教师引领学生学习本文条理清晰、准确生动说明事物的方法，而在拓展课中，就适时地把本单元非重点课文《罗布泊，消逝的仙湖》整合进来。因为两者都提到了被说明事物的过去、现在与未来，都运用了相关的说明方法、说明顺序，说明的语言都生动、准确、严密。这样一来，学生不仅能够学到说明文的相关知识，而且能对所学说明文知识加以灵活运用，提高了阅读说明文的能力。

2.相关能力点的整合拓展

除了进行精读课文与略读课文的整合外，教师还可以根据相关的能力点，把课内不同单元文章整合在一起讲授。例如，对初一下册第二单元中的《爸爸的花儿落了》与第三单元中的《最后一课》，教师可以从刻画人物的方法、把握人物的性格特点的角度进行整合。再进一步，我们还尝试对同一年级的不同教材进行整合，虽然跨度有点大，但若处理恰当，就能够更好地优化课堂教学。这尤其适用于复习课的教学，既可以训练学生的概括思维、比较思维和创新思维，也有利于学生更深刻地理解文章主题。

3.课内文章与课外文章的整合拓展

学生要提高语文素养，单凭课内阅读是远远不够的，需补充大量的课外阅读材料。在教学中可选择恰当的切入点，进行阅读内容的重组整合。例如，在讲授《祖父、后院和我》这篇文章时，教师可选取语文自读课本中的《多年父子成兄弟》这篇文章加以整合，这样既拓宽了阅读视野，又可使初一学生学会概括事件、描写人物的方法，并且能够更深层次地领悟亲情之可贵。

(二)随文写作——拓展落实大量读写

2011年修订版语文课标对读写关系有一个新的表述:要重视写作教学与阅读教学、口语交际教学之间的联系,善于将读与写、说与写有机结合、相互促进。语文教材中的许多文章都是写作教学的优秀范例,因此,可根据课文实际安排适当的写作拓展,实现读写结合。如在《荆轲刺秦王》的教学中,教师可布置改写、扩写"易水送别"和评论"荆轲其人""荆轲之死"的习作,提高学生理解课文和辨析事理的能力;在《珍珠鸟》教学中,教师可引导学生深入观察动物并练习细致描摹。我们的随文写作拓展,改变了以往"蜻蜓点水"式的"伪读书结合",将随文写作的读写结合以一节拓展课的形式来进行,把随文写作作为阅读教学的延伸。这不仅可以让阅读促进写作,也可让学生在写作过程中真正深入作者的言语和写作心理中,实现以读促写和以写助读,实现真正意义上的"读写结合"。

经过一年多的实践,我们欣喜地看到,"预习—分享—拓展"的三段式阅读教学模式推进了学生的自主学习、合作学习和探究学习,提高了学生的语文学习能力和阅读效益。同时,这也将"大量读写、双轨运行"和课程资源建设有机地结合了起来,实现了阅读教学与写作教学的有机结合、课内阅读与课外阅读的有机结合,扩大了学生的读写总量。现在,我校已建设起以教材整合为核心的语文课程资源库,实现了课程资源的共享,并在实践中不断加以充实和完善。

在改革的进程中,我们也面临诸多疑惑和困难,如:学生学案预习占用时间较长,对预习难度如何恰当把握及分层设置不明确;分享课对教师教学设计水平提出了较高要求,如何既确保教师都能在分享课中设计出分享简案,又能让教师教学特色得以正常发展是一大挑战;等等。在今后的教学改革中,我们将以更大的决心和更多的努力解决这些问题,为初中语文阅读教学改革作出我们应有的贡献。

二、市域交流推广

2018年11月29日,海阳市初中语文曲新美名师工作室赴威海七中,与威海市初中语文王瑞琴名师工作室汇聚一堂,就课堂教学思路确定与效率提升问题进行了研讨活动。

(一)好课观摩

本次活动安排三节观摩课,分三个课型:课外阅读、教材阅读和写作教学。

海阳市实验中学曲新美老师的阅读指导课"无中生有　言意相融",用"无中生有"的方法带领学生借梳理文章信息理解文意、体会情感。课堂如行云流水,师生平等对话,真情自然流露。因为阅读材料选择得切合现实生活,在"析标点”环节，一个女生想到了自己三岁失去妈妈、爸爸用给自己大量零花钱代替母爱的经历，由文生情。曲老师抓住这个契机，步步引导，让这个不善于与人交流的女生敞开心扉。尽管几次哽咽，但在曲老师的帮助下，她借自己的身世解读了《老师，你能抱我一下吗》一文，完成了“析标点”的学习目标。当女生用真诚而渴求的目光看向曲老师，小心翼翼地说：“老师，您可以抱我一下吗”时，曲老师温暖地拥抱了这个女生。那一刻，掌声雷动，在场的人无不潸然泪下！曲老师送了那个女生一句话——孩子，人间有爱，冬天便不再冷！加油！

威海市城里中学梁春霞老师则是用一篇《香菱学诗》，独具匠心地引领学生去阅读《红楼梦》。尽管整堂课上教师都没有提及阅读《红楼梦》的要求，但是在老师“品苦学诗、品笑识人”的提示和引导下，学生对原著的相关精彩片段产生了浓厚的兴趣，对阅读原著生发出一种抑制不住的渴望。梁老师的授课，既有对学习方法的引领，又有情感的驱动，不得不说其设计是匠心独运的。这样在不知不觉中，教学的目标就完成了，老师的以文引读的目的也达到了，可谓了无痕迹，却又皆大欢喜。

威海市语文学科带头人、威海市第七中学的林日萍老师《这个冬天不冷》的作文指导课，真的如冬天的一把火，点燃了学生乐于写作的火苗。林老师从“写作即表达，写作即成长，写作即分享”三个大的方向，借助于名家名篇中的精彩片段、学生的日常习作，带领学生制定学习目标、梳理评价标准、探寻写作方法、分享习作精点、纠正写作误区、拓展写作领域……环环相扣，字字珠玑，将学生引入一个写作的通幽之径。学生在学、赏、练、读的过程中，尽情享受写作之乐，乃至甘之如饴。整堂课浑然天成，让人欲罢不能。

（二）观课分享

授课结束后，三位教师分别从自己的设计意图及思路、授课方法及策略、课堂呈现及生成等层面与大家进行了真诚的交流。接着，与会教师分成三大组进行了热烈的讨论，充分交流了各自的收获与疑问，实现了共同提升。

（三）前景展望

活动最后，两个工作室成员就工作室建设和活动开展情况展开交流，互相借鉴经验，取长补短，并就下一步共同研讨学习达成共识。对于王瑞琴工作室建立校本课程、实行联动听课、进行专题研讨和分组专题研究的活动方式，大家认为对促进教师成长有着确定的实效；而对于曲新美名师工作室的课题引领、“三课型”课堂教学模式的实践、高效阅读的工具性、“一设二磨”的课堂锤炼模式以及“一课一文一书”的考核方式，在场教师也予以赞赏。

走出本区域，到典型学校与优秀教师交流学习，既开阔了视野，又加大了教师的研究动力，提升了教师的研究素养，对优化课堂有了更深层次的认识。交流、切磋、提升、行进，只要携手同行，心与心间没有距离！

三、县域交流推广

2018年12月13号，曲新美名师工作室全体成员在里店初中进行了首次青年教师同课异构活动。为履行工作室的职责，大家群策群力，就探讨工作室的研究方向、优化“三课型”阅读教学模式、带动区域学科教学、推动青年教师的成长等课题献计献策。

（一）同课异构

王忆亭，里店初中的语文老师，一个只有三年教龄的小伙子，第一眼吸引你的也许是他的玉树临风，但是当他侃侃而谈、游刃有余地带领孩子们在文本中深入浅出时，那时你惊讶的绝不仅仅是他的阳刚之气，而是他在课堂上表现出来的淡定从容，厚积薄发，可谓“惊艳”！王老师在《中国人失掉自信力了吗》的分享课中，熟练地运用背景资料进行导读，利用提示朗读重音的方式带领学生理思路、品词句、悟情感，注重学法指导，在循循善诱中不落痕迹地解读了鲁迅先生的思想与情感，使学生体验了驳论文的论证思路，学会了驳论文相关知识点的运用。整堂课紧凑有致，利落有效，老师旁征博引，古今相接，令在场的人无不唏嘘动容！

杨婷，实验中学的语文老师，虽教龄只有四年，看起来也只是一位柔柔弱弱的小女子，但在课堂上的大气果敢绝对称得上“老江湖”。同样的课文分享课上，她敢于跟学生进行辩论竞赛，敢于将学生的思维放飞，却又紧紧围绕目标将学生的思考方向紧握手中，有的放矢，收放自如。杨老师善于打破传统的授课模式，不拘泥于文本的顺序，敢于进行跳跃式阅读，将师生辩论作为解读文本的抓手，层层深入，引经据典，不慌不忙地带领学生完成了学习任务。

（二）共同磨课

此环节分两个阶段进行。首先是授课老师简单说课，然后是工作室成员代表发布观课报告。工作室成员按照观课点的不同分成两组，每一组老师根据自己的观课记录进行分享、质疑、解惑、总结，形成完整的观课报告，由小组代表分别发表观课报告。观课一组呈现了两位授课老师在教学内容和分享课授课技巧方面的有机结合，并由此提出了合理的修改建议；观课二组报告了两节课在教学情境创设和教学评价方面相得益彰的融合之处，同时提出了更好的优化方法。两组代表各抒己见，娓娓道来，如清新的风吹过混沌的原野，让人神清气爽、云开日明！

（三）异构说课

主持人曲新美老师首先对前面老师的说课、观课进行总结，并就观课报告所解决的问题进行了解说，然后进行同课异构说课。曲老师分享的是“三课型”中的“分享课”设计，她以一种全新的视角呈现了不同寻常的教学理念，跳出圈宥，将“因文识人”作为教学目标，借对题目不同重音的朗读，利用名人的赞誉，自然地解读文本，让学生放下对鲁迅作品望而生畏的心理，理解鲁迅先生作为一个普通人的忠诚，走近如千千万万民众一样爱国的可爱的鲁迅其人。这样的授课，在培养学生做一名忠诚中国人的同时，也让鲁迅作品不再成为学习语文的“三大难”之一！

工作室的这种同课异构活动模式由三位老师同时备课，两位年轻教师呈现课堂授课，一位骨干教师制作课件并现场说课，其目的是大家集思广益，带动年轻教师尽快形成自己的教学风格。

（四）前景展望

观评课结束后，工作室成员就以后的研究方向和建设规划进行了探讨，大致从工作室对“三课型”课堂教学结构的完善创新、主持人和工作室成员三方该关注的问题谈了各自的想法，并达成共识：工作室的功能是什么？就是带动一个区域，带动一个学科，让更多的年轻教师很快成长起来；一个人可能走得很快，但是一群人走却会走得更远。主持人应该关注什么？应关注“三课型”课堂教学结构的创新，关注学科教学的发展动态，探索工作室发展的主要研究方向；关注学科教学中尚未突破的问题，进行名师个案研究；关注整个学科发展的方向，即要有中考、高考的意识……工作室成员应该关注个人成长，互相激励，时时进行思维碰撞，抱团成长！

后 记

“三三三”课堂教学结构变革自15年前启动以来，经历了三个关键阶段——“三环节”“三课型”和“三阶段”。这一漫长而充实的历程凝聚了无数教育同行者的心血和智慧，也带来了显著的成果和效果。在此，我们回顾“三三三”课堂教学结构变革的过程，总结成果，展望未来。

在最初的“三环节”阶段，我们致力于构建一个更加灵活多样的教学环境，通过“探学、展学、省学”三个环节的设计尝试，激发学生的学习兴趣和主动性。教师们积极探索不同的教学方法和资源，为学生提供更加个性化和有效的学习体验。这一阶段的探索实践虽然比较粗浅，没有做过太多太深的研究，但其作用不可小觑，可以说这是我们真正扎实地开始课堂教学结构变革的前奏，其间展示的教学新理念以及暴露的教学问题都为后续“三课型”课堂结构模式的确立奠定了坚实的基础。

随后，我们开始了“三课型”阶段的探索和实践。这一阶段是“三三三”课堂教学结构变革的重点，也是后面“三阶段”教学结构模式创新探索的起点与转折点。在这一阶段，我们着重培养学生的创新能力、实践能力和合作精神，通过预习课、分享课、拓展课三种课型的设计，引导学生积极参与、主动探索，培养他们的综合素养和核心竞争力。这种全方位的教学模式为学生的全面发展提供了更多可能。

最后，我们进入了“三阶段”课堂教学结构变革的探索和实践阶段。在这一阶段，我们不断优化课堂教学结构，由课堂内走向课堂外，将课内外进行有机结合，强化教学质量评估和反馈机制，推动教师专业发展和教学资源共享。通过“任务规划、指导调度、展示评估”的设计，我们努力实现课堂教学的全面提升、实践应用和创新发展，为学生成长和教育事业的可持续发展奠定了坚实基础。此阶段的实践目前还在不断完善与创新中。

总的来说，“三三三”课堂教学结构变革历经15年，取得了显著的成果和效果。学生的学习兴趣和能力得到了有效激发和提升，教师的教学水平和专业素养也得到全面提高。未来，我们将继续深化变革，不断探索创新，致力于打造更加符合时代需求和学生发展的教育模式，为构建教育强国和实现教育现代化贡献力量。相信在我们教育同行者的共同努力下，“三三三”课堂教学结构变革将迎来更加辉煌的明天！

曲新美

2024 年 2 月